Stoic philosophers

ギリシア・ローマ

ストア派の哲人たち

セネカ、エピクテトス、マルクス・アウレリウス

國方栄二

Seneca, Epictetus, Marcus Aurelius

中央公論新社

はじめに

ストイック（stoic）という言葉がある。元は英語だが、例えば「ストイックな生活をする」というと、贅沢な暮らしをやめて、ぎりぎりの生活をするというようなイメージがある。あるいは、いつも自分を追い込んで、困難な目標を設定し、そのために奮闘するといった意味合いで使われることが多い。要するに、自分に厳しく生きるというようなことだろうか。しかし、そのストイックという言葉が、古代ギリシアのストア派によって生まれたこと、そしてストイックの前には、シニシズムという生き方があって、ストイックはそこから生まれ、そこから独立したものであるという事実は、案外知られていない。

シニシズム（cynicism）という言葉を辞書で調べると、キニク学派の主張であり、社会の習慣や既存の価値に対して、批判的でこれを冷笑するような態度であるというような説明が多いが、シニシズムを理解する前に、キニク学派って何だろう、とまたわからなくなる。実は、筆者はこのキニクが何語であるかよく知らないのだが、おそらく英語の cynic と関係のある言葉なのだろう。シニック（cynic）とかシニカル（cynical）とかいう英語は、冷笑的などと表現されるように、世間に対してこれをあざ笑うような態度として理解されている。本文で述べるように、これらの語はもともと「犬」に関係しているのだが、犬が冷たく笑っているところが、ぴったりと合っているのかもしれない。もちろん、犬はそんな笑い方はしないのだが、ストア派の前にはキュニコス派という哲学の学派があって、こちらが犬に関係したものだから、こんなイメージが定着したのではないかと思われる。

本書はキュニコス派のディオゲネスから始めて、ゼノンらの初期ストア派、パナイティオスらの中期ストア派、そしてローマ時代の後期ストア派、すなわちセネカ、エピクテトス、マルクス・アウレリウスの思想を紹介したものであるが、哲学史にあるような説明を意図したわけではない。哲学史を記述するためには、関連する解釈上の問題や研究の動向を論じることが必須となるが、そうしたものにはいっさい触れていないからである。代わりに、本書が意図したのは、「ストイックに生きる」この意味を明らかにすることである。ストイックに生きることは、右に述べたような自分に厳しいだけの生き方であるのだろうか、またそれは前身と言うべきキュニコス派の生き方とどのように違っているのか。そして、同じストア派でも初期、中期、後期とそれぞれ特徴を持っているが、どのような相違があったのか、そうした疑問に答えることを目標とした。

本書に登場するのは、今から二〇〇〇年ほど以前に生きた哲人たちである。したがって、当然ながら社会も制度も習慣もまったく異なっている。しかし、現在でも自己啓発の書物などに彼らが登場しているのをみると、哲人たちの言葉が現代人の心の琴線に触れるところが多いからだと思われる。今の時代は彼らが生きた頃とは比べものにならないほど複雑化し多様化している。どんなものであれたいていが入手可能となり、私たちの持つ欲望、欲求は瞬時に満たされる。しかもそうした満足感は、それを獲得するためのスピードや効率のよさと比例関係にある。しかし一方では、さまざまな欲望、欲求が充足されながらも、私たちの心の中の空隙はますます広くなっていると言われる。欲望、欲求の充足度から言えば最も幸福であるべき現代人は、いつも心の隅でなにか満たされないものを感じとっているのである。本書を通じて、古代の哲人たちが考えたこと、言ったことが、ますます混迷を深める現代を生きるために、いささかでも参考になることを願ってやまない。

目次

ギリシア・ローマ

ストア派の哲人たち

セネカ、エピクテトス、マルクス・アウレリウス

装幀　平面惑星

第一章　自然にしたがって生きよ——キュニコス派

一　犬の哲学者ディオゲネス

キュニコス

キュニコス派は、かつては犬儒《けんじゅ》派と呼ばれた。キュニコス（Kynikos）というのは、キュオーン（kyōn）すなわち犬からつくられた形容詞である。「犬の、犬のような」の意味であり、むろん人を誉《ほ》める言葉ではない。人を嘲《あざけ》って「サル」と言うのに似ている。人を動物に喩《たと》えるのはどの文化にも共通したことで、人類学ではセリオモルフィズム（theriomorphism）と言っている。私たちが動物と似た行動をするとき、あるいは私たち自身が動物に似ているとき、人はそれを模して動物の名で呼ぶわけで、たいていは私たちの立場を低めるために、軽蔑するために動物に擬《なぞら》えるのである。シノペのディオゲネスという、哲学史上きわめて特異なこの人物も、終生にわたって犬と渾名《あだな》された。彼の所業を侮って、犬と呼んだのである。

ローマ時代の遺物の蒐集家であるアレッサンドロ・アルバニ（一六九二～一七七九）のコレクションに、よく知られたディオゲネス像がある。これはローマ時代の模作に基づいた複製である。しかし、裸足で杖と提灯《ちょうちん》を手にして歩む姿は、この奇人哲学者の特徴をよく伝えている。いったいどこに行

シノペのディオゲネス（前412頃～323）
アルバニ・コレクション

くのかと尋ねた人に、「人間を捜しているのだ」（『ギリシア哲学者列伝』VI 41）と答えたと言われる。この言葉の意味については後述するが、周囲の人間は眼中にはなく、真の人間を捜しつづけたこの哲学者は、実は自分の生き方を最も人間的なものと考えていたに違いない。「自然にしたがって生きる」ことをモットーに、あらゆる虚飾を捨てて、自然の導きのままに生きながら、周囲に知性の鋭い目をたえず光らせていた。所持するものはと言えば、物を入れる頭陀袋《ずだぶくろ》と水を汲む柄杓《ひしゃく》のみで、それらでもってみずから足れるもの（自足）としていた。あるいはまた、どこの国《ポリス》の者かと問われたときには、「コスモポリーテース（世界市民）だ」と応じたという。犬と自他ともに認めたこの乞食哲学者の胸中には、世界を包含する広大な思想があった。私たちの持つ常識的な哲学史からはみ出た彼の哲学は、しかし古代を通じて、いや中世、近現代においても、人びとの心をとらえつづけた。ストア派はキティオンのゼノンを祖とするが、その精神の一端はディオゲネスに遡《さかのぼ》ると考えるべきである。そこで、私たちもまずこの奇人哲学者から話を始めることにしたい。

貨幣改鋳事件

まず生い立ちをみよう。ディオゲネスが生まれたシノペ（現在のシノップ）は、黒海の南岸に位置し、現在のトルコ共和国の北にある。古代ギリシア人の都市国家は人口が増大し、もはや居住が困難になってくると、その一部の住民が他の地域に植民したが、シノペもまた同様に、紀元前八世紀頃においてて都市国家ミレトスの植民都市として建設された。遠隔地であることが幸いして、小アジアの他の都市とは違って繁栄を維持することができた。ユーフラテス川に発するキャラバン・ルートの終着点になっていたから、シノペは商業も文化も栄華を極め、市民たちの生活もいやが上にも国際化していった。現在三万六〇〇〇人余りの人口を有するこの都市は、今日でもなおヘレニズム時代の面影を残しているが、古代におけるシノペは、とりわけ良質の貨幣でその名が知られていた。ここで語るのは、ディオゲネスが関わったとされる貨幣の改鋳事件である。父親のヒケシアスは両替商を営んでいた。両替商（トラペズィテース）というのは、市場にテーブル（トラペザ）を置いて、貨幣の交換や貸付けをしたり、硬貨の真贋《しんがん》を調べたりして、今日の銀行の基になるような仕事をする者のことである。時には国家間の商品の取引を請け負うこともあり、さらには、シノペのような小さな都市国家では、両替商は貨幣の鋳造を任されることもあった。ところが、父親のヒケシアスはそのような重要な仕事に就きながら、なんらかの理由でこれを粗悪なものに改鋳するという事件を起こしている。また、改鋳したのはディオゲネス自身だという伝承もある。その辺りの経緯を哲学史家ディオゲネス・ラエルティオスは『ギリシア哲学者列伝』（以下本書ではDLと略記）において次のように伝えている。

ディオクレス〔前一世紀の哲学史家〕の伝えるところによると、ディオゲネスの父親は市の公金を扱う両替商を営んでいたが、通貨を改鋳してこれを粗悪なものに作り変えたために、追放されることになったということである。しかし、エウブリデス〔同じく哲学史家だが不詳〕はその著作『ディオゲネスについて』の中で、それをおこなったのはディオゲネス自身であって、そのために父親とともに亡命することになったのだと言っている。(DL VI 20)

このように事件に関する伝承は若干のゆらぎをみせているが、そのいずれであるかは正確にはわからない。ただ追放刑というのは、ペルシアの統治下では珍しく、むしろ死刑が普通であったから、本当のところは、ディオゲネスは死刑を恐れてみずから国外逃亡の道を選んだのかもしれない。

しかし、なぜ貨幣を改鋳するような危険なことをあえてしたのか。その理由についてディオゲネス・ラエルティオスは次のような話をつけ加えている。貨幣の鋳造を監督していたディオゲネスは、職人たちから貨幣を改鋳することを勧められ、困惑した彼は、デルポイ(現在のデルフィ)に行って是非に関して神に尋ねた。すると、これに対する神の答えは、「ノミスマを改めよ(パラカラッテイン・ト・ノミスマ)」というものであった(DL VI 20)。この話を伝える『ギリシア哲学者列伝』は、行ったのはデルポイではなく土地のデリオンの神殿であるとか、あるいは神託はこの非合法な行為をした後で聞いたとかいういろいろの別伝を紹介しているが、それはともかく、ディオゲネスは最初ギリシア語のノミスマを、その文字通りの意味である「通貨」として解釈して、貨幣を改鋳したという。このような次第でディオゲネスはシノペを追放されることになったのである。

ここでデルポイの神託というものについて少し説明をしておく。デルポイはアテネから車で約四時間、海抜二五〇〇メートルのパルナッソス山の中腹に位置し、古代ギリシア世界においては宗教の中心地であった。アポロンの神殿があったことで名高いが、神殿が建築されるはるか以前からギリシア宗教の一大聖地であった。デルポイのアポロン神は神話にも、歴史にも、あるいは哲学にも登場し、そこで重要な役割を演じていて、いわゆるオイディプス神話、すなわちテバイの伝説的な国王ライオスが息子オイディプスに殺されるであろうと予言したのも（ソポクレス『オイディプス王』）、あるいはリュディア王のクロイソスが仇敵ペルシアに進撃してよいかどうかの伺いを立てたとき、誤って自国を滅ぼすことになる神託を降ろしたのも（ヘロドトス『歴史』I46）、哲学者ソクラテスよりも賢い者はいるかと尋ねた友人のカイレポンに、ソクラテスよりも賢い者はいないと答えたのも（プラトン『ソクラテスの弁明』）、すべてこのアポロンの神である。

この神は、つねに謎めいた言葉で人間に予言をあたえた。犬の哲学者のほうに話を戻すと、神託にあるノミスマという語には、貨幣の意味のほかに、社会における慣習の意味があって、アポロンの神が命じたのは、国家《ポリス》のノミスマを改変すること、つまりそこで通用している「社会習慣や制度」を変革せよともとれる。この話はできすぎの印象もあり、ディオゲネス・ラエルティオスなどの後代の哲学史家が拵《こしら》えあげたものかもしれない。だが、ディオゲネスには『ポルダロス』という今は散佚《さんいつ》した作品があって、その中で「自分はノミスマを改めた」と語っていたという記録もあり、そうだとすると彼自身が神託の意味を再考して、既存のあらゆる価値の転倒、あらゆる権力に対する抵抗の意味で解釈し直したのかもしれない。彼にとっては、当時のアレクサンドロス大王の威勢といえどもなんの価値もなかった。人間の自然本来に所有するものだけが唯一価値のあるものとすべきである。それがディオゲネスが身をもって他人に教えた哲学である。

誰が最初の犬か

それではディオゲネスはどのような経緯から哲学を始めるようになったのか。これについて次に述べよう。シノペを追放されたディオゲネスがまず最初にやって来たのがアテナイ（現在のアテネ）で、哲学者でソクラテスの弟子のアンティステネスのところに身を寄せたとされる。弟子をとることに気が進まぬアンティステネスが威嚇《いかく》して杖を向けると、ディオゲネスは自分の頭を差し出して、

「どうぞ打ってください。なにかはっきりしたことをおっしゃってくださるまでは、私を追い出せるほどの堅い木を、あなたは見つけられないだろうから」と言った。そしてその時からアンティステネスの弟子になった。（DL VI 21）

アンティステネスがディオゲネスの師であり、キュニコス的な生き方を教えたのであれば、当然アンティステネスが祖であることになる。アンティステネスはキュノサルゲスという名の体育場で教授し、また彼自身がハプロキュオンと呼ばれた（DL VI 13）という記事もある。ハプロキュオンというのは、ギリシア語でハプロース・キュオーン、つまり「純然たる犬」とか「まるっきりの犬」というような意味である。キュノサルゲスのほうは、アテナイの南方に位置し、当時はリュケイオン、アカデメイアと並ぶ著名な体育場があった。『スーダ』と呼ばれる一〇世紀頃コンスタンティノープルで成立した辞典があって、ディデュモス（ヘシュキオスという別の辞書ではディオモス）という男が神殿で犠牲を捧げていたとき、どこからともなく犬が現れて、犠牲式の動物をさらって、この地に逃げ込んだことから、この名がついたと記している。キュノサルゲスは、「犬」（キュオーン）と「白い」あるいは「足の速い」（アルゴス）を合わせた言葉である。

このようにアンティステネスの略伝には「犬」という語が関係しているので、彼が最初の犬、つま

りキュニコス派の創始者のようにも思われるが、今日では一般にディオゲネスのほうが最初のキュニコス派の哲学者だと考えられている。その理由は、実はこの二人の哲学者が邂逅《かいこう》した可能性は非常に低いということにある。アンティステネスは少なくとも一五歳はプラトン（前三四七年に死去）よりも年上であったとされており、前三六二年頃に死去したことになっている。いくつかの史料から、彼の年代はだいたい前四四五年から三六二年の間とされる。一方、ディオゲネスのほうは死亡年がはっきりしている。ディオゲネス・ラエルティオスその他から、彼はアレクサンドロス大王と同じ日に死んでいる。つまり、前三二三年六月一〇日である。彼はこの時九〇歳近くになっていたりする記事があり（DL VI 76, 79）、この記事がかりに誤りだとしても、第一一三回オリュンピア祭年期には老齢であったという別の記事もある。すなわち、前三二四～三二一年である。したがって、両者はだいたい三〇から四〇歳くらいの年齢差があったことになるわけである。

いささか煩雑になるが、もうひとつの根拠を挙げよう。古銭学である。ディオゲネスが生まれたシノペは良貨を出すことで名高い都市であった。前三七〇～三六二年に出土したコインには表面にニンフの頭が、裏面にはイルカの上に鷲《わし》の絵が描かれていて、ギリシア語でΔΑΤΑΜΑ（DATAMA）と刻まれている。これは当時シノペを支配下においていた太守ダタメスを指している。ところが、前三五〇年以降になるとその名前はギリシア語でΙΚΕΣΙΟ（HICESIO）の名に変わる。明らかにこれは当時シノペで財務官をしていたヒケシアスの名を刻んだものである。そして、このヒケシアスこそディオゲネスの父である。そして、右に述べた貨幣改鋳事件によって、ヒケシアスとその子のディオゲネスが祖国を追放されることになる。したがって、追放後にシノペを離れたディオゲネスが、その頃にはすでに死去していたアンティステネスと邂逅する可能性はほとんどゼロに近いと言えるだろう。

そうすると、二人の哲人が出会う話がどうして生まれたのか不思議に思われるだろうが、それには次のような理由が考えられる。ディオゲネス・ラエルティオスは、ソティオン（前二〇〇頃〜一七〇頃）、ヘラクレイデス・レンボス（前二世紀）、ロドスのアンティステネス（ソクラテスの弟子とは別人で、前二〇〇頃）らの著作を史料として用いているが、彼らが作り上げた「系譜」の図式をほとんどそのまま受け入れているのである。この図式によるとキュニコス派はストア派と並ぶ「学派」のひとつであり、ストア派に吸収されることになる。そのためには、アンティステネスとディオゲネスを師弟関係に仕上げるほうが都合がよかったのである。以上のような理由から、アンティステネスがキュニコスの祖であるという説は疑われてよいだろう。キュニコス的生はまさにディオゲネスに始まるのである。

ネズミから学ぶ

ところで、アリストテレスの弟子であるテオプラストス（前三七二頃〜二八八頃）に『メガラ誌』という著作があったが、今日には伝わっておらず断片のみが知られている。彼の年代はディオゲネスと一部重なっており、右の著作家たちに比べてその発言ははるかに信憑性が高いと言うことができる。『メガラ誌』を読んだ著作家にプルタルコス、ディオゲネス・ラエルティオス（DL VI 22）、アイリアノス（『ギリシア奇談集』XIII 26）などがいるが、ディオゲネスがキュニコス的生に入った経緯について書き残している。そのうちではプルタルコスのものが一番詳しく伝えている。

シノペのディオゲネスが哲学の探究を始めたときにも、同じような経緯がある。アテナイの人たちがお祭りで公の食事やら観劇やら市民同士の集会やらで、一晩中騒ぎに打ち興じていたときのことである。ディオゲネスはアゴラ（広場）の片隅でなんとか眠ろうと懸命になっていたとき、心は休まらず打ちひしがれて、自分はなにも強制されたわけではないのに、苦労ばかりで割に合わぬ生活を送り、みずから選んで財産もなにひとつないままこうして座っているんだ、というような思いが彼の心をよぎった。するとその時、一匹のネズミが這い上がってきて、彼の食っていたパンのくずを懸命に貪《むさぼ》っていた。とたんに彼はひらめいて心の弱さを咎めるように自分自身に言い聞かせた。「なんということだ、ディオゲネス。お前の残り物でこいつは宴会を開いているじゃないか。なのにお前は、向こうで酒が飲めず、柔らかいふわふわした寝床で横になれないと涙を流し、自分の境遇を歎《なげ》いているのか」。（プルタルコス『いかにして徳の進歩に気づきうるか』77E—78A）

ネズミには特別な棲家も寝床もない。そして、たまたま目の前にあるものを喰って生きている。社会的な身分も崇高な哲学の学説もこのネズミには無用のものであった。しかしよく考えてみると、ネズミは最も自然にかなった仕方で生きているのではないか——ディオゲネスはこう思うと、忽然《こつぜん》としておのれの生き方を悟得した。「自然にしたがって生きよ」という言葉は、以来彼の人生と思想を決定づけるものとなった。さらに、彼に続くいわゆるキュニコス派の人たちもこの言葉をたえずその生き方の指針とすることになるのであるが、その影響はその後のストア派の思想にまでも及んでいる。

こうしてみるとキュニコス的生はひとつの学説とか理論とかではないことがわかるだろう。アイルランドの作家オスカー・ワイルドが「シニシズム（キュニコス主義）とは、ものごとのあるべき姿ではなく、あるがままの姿をみる技である」（『セバスティアン・メルモス』）と言っているが、この言葉は、哲人ディオゲネスの本質をきわめて的確に表現している。学者たちがみせる現実離れした空理空論は彼からすれば唾棄すべきものであった。このアンティ・インテレクチュアリズム（反知性主義）は、むろんすべての理論、すべての研究を否定するものではない。むしろ、彼が断固否定しようとしたのは、現実に目を向けない、空虚で中身のない理論である。例えば、プラトンとの間にこういうエピソードがある。

プラトンが人間を「二本足の、羽のない生きもの」であると定義をして、好評を得ていたときに、そこへ出かけていって、鶏の羽をむしり取って、「これがプラトンの言う人間だ」と言ったという。（DLVI 40）

プラトンは前三四七年には死んでいるから、両者がそもそも顔を合わせる機会があったかどうかは疑わしい。だから、これも後代の創作であろう。しかし、この話もまたディオゲネスの思想の特徴をよく伝えているように思われる。

ディオゲネスは今日ふうに言えば書斎で読書を楽しむ閑人でも、象牙の塔で研究に没頭する学者でもなかった。彼は研究しなかったのではない。むしろたえず研究していたのである。しかしそれは市井にある人びとから離れたものではなかった。周囲に厳しい目を向けながら、たえず人間のあるべき姿を模索しつづけたに相違ない。

海賊に襲われる

ディオゲネスが生涯の大部分を過ごしたのは、ペロポンネソス（ペロポネソス）半島北東部にあるコリントスであった。この地で彼はアレクサンドロス大王（アレクサンドロス三世）にまみえ、この地でその生涯を終えた。異聞によれば、周期的にコリントスとアテナイとを往復したとか、これらの他にもスパルタ等の土地を訪れたとか言うが、これらについては確実なことはなにもわからない。その中で幾分確からしいと言える事件がディオゲネスの身に起こっている。彼がアイギナ（アテナイ南方の島）へ航海する途中で、海賊によって襲われたという話である。その海賊の名をキケロはハルパロスと、ディオゲネス・ラエルティオスはスキルパロスと伝えているが、それはともかくとして、ディオゲネスはその船上で捕まり、奴隷としてクレタ島で売られることになった。こういう事件は古代では珍しくはなかった。哲学者プラトンもあやうく奴隷に売られそうになったのを、僭主《せんしゅ》アルキュタスの尽力で救われたという話を私たちは知っている。

ディオゲネスはクレタ島で奴隷に売られてしまう。この事件から後日、『ディオゲネスの売却』と称する作品が、メニッポスなど複数の著者によってこれを題材として書かれることになるが、残念ながらこれらはディオゲネス・ラエルティオスによるわずかな引用を遺すのみで、今日には伝わっていない。ところで、まさに売られるというときに、ディオゲネスはその場に居合わせたコリントス出身のクセニアデスという人物を指さして、「この人に俺を売ってくれ。こいつは主人を必要としている」と叫んだという。そこでクセニアデスはディオゲネスを買い取り、コリントスへ連れて帰った。クセニアデスはこの「主人」を子供らの教育や家政の仕事にあたらせたとされる（DL VI 74）。アテナイやその他の大きな都市国家では、奴隷と言えば召使として使うのが普通だが、子供の教育を任せる（パイダゴーゴス）こともあった。ディオゲネスはクセニアデスの家で年老いて死去したという伝承もあるが（DL VI 31）、おそらくむしろこの主人の死後、ディオゲネスは解放されて、キュニコスの生活に入ったのではないかと思われる。いずれにしても、ディオゲネスはクセニアデスの子供らを熱心に教育した。著名作家の文章の中から多くの文章を暗記させたのは、当時の教育のやり方にしたがったものであるが、その他にも、日々の生活について粗食に甘んじ、身の回りのことも自分で始末するように教えたとされる。むろん、クセニアデスはこのことに満足していたという（DL 同所）。

二　アレクサンドロスとの邂逅

アレクサンドロス大王

アレクサンドロス——ギリシアの北部テッサリアのさらに北に位置するマケドニアに生まれたこの王は、三三歳という短い生涯のうちに、全ギリシアを統一し、仇敵ペルシアを滅亡に至らせ、さらに東方へ、インドス（インダス）川を渡河して、インドまで侵攻しようとした。類稀なる戦略の才能を持ったアレクサンドロスをこれほどまでに戦争に駆りたてたものは何であるのか。マケドニア王家に王子として生まれ、父ピリッポス二世の偉業を継ぐことを定めとしたからには、それは当然のことと も言えるが、「世界制覇」という野望に燃え、戦闘のうちで身体のいたるところに傷を受け、文字通り満身創痍《そうい》でありながらも、戦うことをけっしてやめなかったのはなぜなのか。これはアレクサンドロスについて問われる、最も興味ある問題のひとつである。

北ギリシアの王国マケドニアの王ピリッポスと西方のエペイロスの王女オリュンピアスとの間に生まれたアレクサンドロスは、周辺諸国家を征服しようとしていた父の野望をただに受け継いだだけではない。当時のギリシア人にとっての長年の夢は言うまでもなく対ペルシア報復にあったが、アレクサンドロスは、ペルシア王ダレイオス三世の軍をガウガメラの会戦で殲滅《せんめつ》し、さらにこの王を弑《しい》したダレイオスの部下を捕らえた後も、さらに東方へ征服に征服を重ねていく。その負けを知らぬ戦いぶりから、アレクサンドロスは神にも等しい人間とみなされ、どんな戦いにも勝利するという絶対的な信頼を受けた。実際、その短い生涯の終わりの頃には大王を神格化しようとする動きがあったし、大王自身もそのことを要求さえしたのである。鬼神のごとく戦いに勝利するという確信が大王をしてこの大遠征に駆り立てたのであろうか。私たちはアレクサンドロスに関する史料を読むと、単なる名誉欲では説明しきれないような、なにか戦争への衝動のようなものを感じざるをえないのである。

アレクサンドロス（前356～323）ポンペイ出土のモザイク画

ヘレニズム学で著名な研究者ターン（W. W. Tarn）は、東方遠征におけるアレクサンドロスの行動をキリスト教の平等愛と共通するような、人類同胞の理念に支えられたものだと高く評価した。しかしこの解釈は今日ではほとんど支持されていない。むしろ、アレクサンドロスの事績を調べていくと、おそらく彼は自分を英雄の姿になぞらえていたのではないかと思えてくる。英雄とは、ギリシア世界においては demigod すなわち半人半神を意味する言葉である。つまり一方の親は神で、他方の親は人間である存在のことである。英雄アキレウス（アキレス）はそうした英雄のひとりで、母親テティスは海の女神である。一方、アレクサンドロスの両親のほうは結婚後次第に不和になっていき、その原因は母親オリュンピアスの激しい気性にあったとされているが、その母からアレクサンドロスは幼少より強い感化を受けている。彼女が何度も息子に繰り返し教えたことは、高貴な生まれの者はそれにふさわしい行為をしなければならないということであった。伝説によれば、アレクサンドロスの先祖は神々の血を享けており、父親の家系は一二の難業を成し遂げた英雄ヘラクレスに発しているとされ、そのヘラクレスは大神ゼウスの子であり、母親の家系のほうはホメロスの『イリアス』でその勲《いさお》を歌われた英雄アキレウスを祖としている。また、アレクサンドロスの最初の教師リュシマコスは彼をつねづねアキレウスの名で呼んだとされている。さらに、アレクサンドロスの家庭教師が、当代随一の学識と謳《うた》われ、先王アミュンタスの侍医の子であるということでマケドニアと縁故のあった哲学者アリストテレスである。伝えられるところでは、アリストテレスはホメロスの『イリアス』校訂本をみずから編集してアレクサンドロスに贈ったとされている。アレクサンドロスは、東征の間中、夜は護身用の短剣とともに枕元に置いて眠ったと言われているが、この『イリアス』こそたえず彼に英雄としての生き方を教えた、文字通り枕頭《ちんとう》の書であった。

アレクサンドロスがいかに心中において自分を英雄として意識していたかは、その後の彼がとった行動からも推察できる。前三三四年五月初めに東征軍がペルシア進攻に先立って、ヘレスポントス海峡（現在のダーダネルス海峡）を渡った後、世に知られるグラニコス河の会戦が始まろうとする少し前に、アレクサンドロスはあたかも物見遊山のように少数の供を連れて南に下り、トロイアの古戦場を訪ねている。船がトロイアの浜に着いたとき、アレクサンドロスが手に持った槍を砂浜に向かって投げつけ、突き刺さった土地は自分の征服地だと叫んだという話はよく知られているが、このトロイア行でおそらく名にしおうホメロスの歌う古戦場を一目みたいという気持ちとともに、その地をみずからの足で踏むことでアキレウスその人になろうとしたのだと考えられる。その地のアテナ神殿を詣でて、当時のものと伝えられ保存されていた古式の武具をもらい受け、代わりに自分の着用していたものを奉納している。もうひとつこれとよく似た、象徴的な出来事は、遠征が始まって一年目の冬に起きている。内陸の町ゴルティオンに立ち寄ったアレクサンドロスは、この町に伝わる古い伝説を聞かされる。この町のアクロポリスにはゼウス神殿があって、そこに一台の荷車が奉納されていた。この荷車にはトネリコの樹皮で堅く結ばれていて、しかもその結び目が巧妙に隠されていた。伝説によれば、これをうまく解くことができた者がやがてアジアの王となる、ということであった。これはいわば英雄ヘラクレスの難業にも比することのできるものである。アレクサンドロスもこれに挑戦するが、なかなかこれを解くことができない。そこで、苛立ちのあまり、剣をひき抜くと、一刀のもとにこれを切り裂いてしまった。大王はほどく（リュエイン）代わりに、これを解いた（リュエイン）のだと大王について正史を著した歴史家は記している。やり方はどうあれ、その意表に出た方法は部下たちを感心させた。折しも、その夜には稲妻が走り雷鳴がとどろいた。歴史家は、むろんこの方法を神々も嘉《よみ》するものであると考えたのである。

アレクサンドロスの紹介がいささか長くなったが、インドにまで及ぶ戦役については歴史家らが記録を残している。この百戦錬磨の王の前に、あらゆるものが頭を下げた。ただし、たったひとりを除いて。それがディオゲネスであった。ディオゲネスとアレクサンドロスが会見した——実際には会見とは言えないようなものであったが——模様を伝える資料は数多くある。世界征服者と乞食哲学者との出会いは当時においてもスキャンダラスな事件で、当時の史家や伝記作家の注目を引いていた。そのひとりがアッリアノス（小アジアのニコメデイア出身の歴史家で、後出の哲学者エピクテトスの弟子）である。アッリアノスの『アレクサンドロス大王東征記』は、アレクサンドロスの側近のひとりプトレマイオスや、従軍記者のアリストブロスらが遺した伝記に直接連なるものとされ、今日最も信頼しうるアレクサンドロスの「正史」と目されている（もっとも、従軍記者の伝えるものを根本資料としているだけに、大王に都合の悪いことは書かないので、その分は他の資料で補われる必要がある）。前三三六年父王ピリッポスが暗殺され、正嫡のアレクサンドロスが王位に即《つ》く。彼はマケドニア王家にくすぶっていた内紛の種を早々と片づけてしまうと、東方遠征に出発すべくコリントス地峡へマケドニア軍を引き連れてやって来た。前三三六年のことである。彼はそこで同盟軍総会において全権将軍に選ばれる。その彼がディオゲネスに会ったのはこの折のことだと思われる。アレクサンドロスの下に多くの政治家たち、哲学者たちがやって来たが、ひとりディオゲネスだけが来ない。そこで興味をもって、有名な奇人哲学者ディオゲネスとはどんな人物かみようと、大王自身が訪れた。

> 大王はこの哲学者のところへ出かけていくと、ちょうど彼は日向ぼっこをしていた。そこに大勢の人がやって来たので、ディオゲネスはちょっと身を起こしてアレクサンドロスをじっとみた。アレクサンドロスはこれに挨拶して、なにか頼みはないかと訊くと、「ちょっとその陽のあたるところをよけてくれ」と言った。それを聞くとアレクサンドロスは非常に心を打たれ、自分が無視されたのに相手の誇りと偉大さに感服し、供の人びとがそこを立ち去りながら大笑いをして罵るのに対して、「私がもしアレクサンドロスでなかったならば、ディオゲネスでありたい」と言った。（プルタルコス『アレクサンドロス伝』14）

この二人の出会いの場所は、クラネイオンというコリントス近郊の森であったとされる。この邂逅について記した作家には、ほかにもディオゲネス・ラエルティオス（DL VI 32, 38）やアッリアノス（『アレクサンドロス大王東征記』VII 2, 2）がいる。アッリアノスはこのエピソードを、アレクサンドロスがインドで出会った裸行僧と並べて記している。バラモンの修行僧のことを、ギリシア語ではギュムノソピスタイ、文字通りには「裸の知者」の意味である。アレクサンドロスはインドの修行僧にも自分のところに来るように言ったとされるが、彼らに対するアレクサンドロスの興味がディオゲネスへの関心と一脈通じるものがあったのかもしれない。もっとも、アッリアノスが両者のエピソードを結びつけて語っているのは、皮相な見方であるとも言える。キケロはもう少しうがった所見を述べている。陽のあたっているところからのいてくれと言ったというエピソードに触れたうえで、ディオゲネスに次のように語らせている。

> 自分には欠けるものはなにもないが、王には十分ということがないだろう。自分は王の快楽を熱望することはないが、一方、王は快楽に満たされることがけっしてない。自分の快楽をどうしても獲得できないのだ。（『トゥスクルム荘対談集』V 92）

キケロの言う「自分（ディオゲネス）の快楽」とは何であるか。それは「みずから足れり」という心の満足のことである。

足るを知る

「足るを知る」という言葉がある。自足とも言う。わが国なら、森鷗外の『高瀬舟縁起』で問題にさ

アレクサンドロスとディオゲネス（カスパール・デ・クライエル 1650年頃）

れているから、ご存じの向きもあろう。ギリシア語では足るを知るに相当する語をアウタルケイアという。文字通り、みずから（アウトス）足りる（アルケース）ということである。この語を哲学の重要な概念のひとつに据えたのはアリストテレスであった。その著作『政治学』を繙《ひもと》くと、まずはじめに人間が生まれつき社会的な、政治的な生きもの（ゾーオン・ポリーティコン）であることが強調されている。「人間は蜂や他の生きものに比べて、さらに政治的な生きものである」（『政治学』1253a）と彼は言う。ポリーティコンとは「ポリスの」という形容詞で、ポリスを形成するということにほかならない。人間はただひとりでは生きられない。また、ただひとりが幸福であっても、それはすべての人間の望むところではない。アリストテレスは言う、「人間は他の人と離れているときには自足的ではありえない。ポリスにおいて生きられない者、あるいは自足しているゆえになにものも必要としない者は、獣かそれとも神である」（同所）。アリストテレスはこのように人間の本質をその社会性に見ている。

ディオゲネスの自足性はこれと対照的であると言える。彼の自足性は社会性の内にはなかった。むしろ、生活において必要なものを最小限に抑えて、それだけで生活しようとした。最も必要なものだけの生活に心の充足を求めたのである。キケロがディオゲネスとアレクサンドロスとの邂逅で読みとったのは、このような足るを知る哲学であった。むろん、王のほうが欲しいと思うものはなんでも手に入るに決まっている。しかし、欲しいものを入手して、それによって満足を求めようとすれば、その快楽の追求は止まるところを知らない。世の中のありとあらゆるものを手にしても、さらにそれ以上のものを求めて際限がないだろう。対して、ディオゲネスの言う心の満足とは、できるだけ少ないものでもって十分だとする知恵である。それはパンのかけらを喜ぶネズミの生き方であった。

三　樽の中のディオゲネス

樽の中で暮らす

かくして、ディオゲネスの生き方をひとことで言い表すならば、「持たざるが持つ」ということになろう。多くを持てば、それをいかに保持するかに悩み、それを失うことに憂慮しなければならない。それならば、いっそ持たざるがよい。ディオゲネスのとった道は、必要なものを最小限に抑え、それによって真の自由と心の満足を得ようとするものである。ある時、子供が手ですくって水を飲むのを見て、ディオゲネスは、樽《たる》の中にもぐり、寝る準備をしながら、こう言ったという。

「なんて俺は馬鹿だったんだろう。必要のないこんな物を持ち歩いたりして」。こう言って水を汲む柄杓《ひしゃく》を投げ捨てた。（セネカ『倫理書簡集』30, 14）

キュニコス派のシンボルとも言うべきほど有名であるのは、柄杓ではなく樽である。ディオゲネスの樽はしばしば絵画の題材にもなった。もっとも樽と言っても、より正確には甕《ピトス》のことであり、土製の大きな水甕《みずがめ》が用いられた。これはディオゲネスが始めたことではなく、アテナイに住む家のない人たちが住まいとして用いたという記事がある（アリストパネス『騎士』792）。ペロポンネソス戦争のおり、避難民が一時的に住んだのであろう。ディオゲネスが甕に住むようになった経緯については、ディオゲネス・ラエルティオスに説明がある。

ディオゲネスはある時人に手紙を送って、自分のために小屋を作ってくれるように頼んだ。しかし、この男が注文通りの家を作るのに時間がかかりすぎたので、メトロオンにあった甕を住まいにしてしまった。これについては、ディオゲネス自身が書簡で述べている。夏には甕を熱い砂の上に転がし、冬には雪におおわれた像を抱くようにして、苦難に耐えるべく自分を鍛えたという。(DL VI 23)

メトロオンはアテナイの広場アゴラの西端にあった。『ディオゲネス書簡集』と呼ばれるものが、五一通現存している。真筆ではなく、前二～一世紀の匿名作家の手になる偽書とみなされているが、ディオゲネスに関する情報源としての価値は低くはない。そのうちから甕についての記述を探すと、第一六書簡に、ディオゲネスがカタツムリを見て、甕に住むことを思いついたとある。ディオゲネスはアテナイで甕を住居にしていたが、コリントスでも同様の生活を送った。主人のクセニアデスがコリントスで自分の子供たちの教育をディオゲネスに任せたという話はすでに述べたが、ディオゲネスはクセニアデスの死後もあいかわらずコリントスに住んでいる。コリントスの市壁の外にあったクラネイオンと呼ばれる森にある体育場の辺りに住んでいたようで、これについては後一世紀に生きた著作家ディオン・クリュソストモス（と言っても知る人は少ないかもしれないが、彼の残した『弁論集』はキュニコスを知るうえで重要な史料である）がこう記している。

ディオゲネスは当時クラネイオンで自分だけで暮らしていた。彼の周囲には、弟子も、ソフィストや笛吹きや舞踏家たちのような人びとの群れもいなかったからである。（『弁論集』IV 14）

ディオゲネスはこの地でアレクサンドロス大王と会い、この地で終焉を迎えた。二世紀の風刺作家、弁論家のサモサタ（シュリア）のルキアノスが書いた『歴史をどのように記述するか』という小篇をみると、マケドニア王ピリッポスがコリントスを進攻したおりのことを語っている。マケドニア軍が来るという報せ（前三三八年）が入ると、来るべき戦いのためにコリントスの人びとは右往左往していた。周囲の喧騒に気づいたディオゲネスは、大急ぎで甕を転がし、クラネイオンを行ったり来たりしていた。なぜそんなことをしているのかと訊かれて、彼は「自分もほかの皆と同じように忙しくみえるようにするためさ」（同書3）と答えたという。なぜディオゲネスは甕を転がしてみせたのであろうか。おそらく、周囲の人たちが戦争の準備をしているのをみて、甕を無目的に転がしてみて、お前たちがしていることは俺のしているのと同じように意味のないことなのさ、と言いたかったのであろう。私たちはこのエピソードからも、キュニコス的生というものをいくらか理解することができる。戦争、おしなべて人びとが社会や政治について持つ関心事は、キュニコスたちにはどうでもよいことであった。ここではもう少しディオゲネスの生活条件について述べよう。

極貧の生活

生活条件、すなわち日々の糧《かて》はどのようにして得るのか。それは言うまでもなく物乞いであった。ディオゲネスはいつもある悲劇の台詞《せりふ》を口にしていた。それは今日では作者不詳の作品で、作品の題名もわからないものであるが、ディオゲネス・ラエルティオスが伝えている。

国もなく、家もなく、祖国を追われ、
日々の糧をもの乞いしつつ、さすらい行く者。(DL VI 38)

アテナイに来たときには召使を伴っていたし、シノペで父親の仕事を手伝っていたことを考えると、いくらかの資産があったはずである。しかし、アテナイに着いてからは間違いなく極貧の生活に陥った。それで、仕方なくアテナイの人びとに無心するほかはなかった。しかし、物乞いをするディオゲネスの態度には卑屈な態度や相手の顔色をうかがうようなところは微塵もなかった。

人に物乞いをするときには——最初は生活に困ってそうしたのであるが——、こう言った。「他の人にあげたことがおありなら、俺にもください。あげたことがなかったのなら、まず俺から始めてください」。(DL VI 49)

時には負け惜しみが強く、減らず口をたたくこともあった。

彼はお金に困ると、人にくださいとは言わず、返してくれと言った。（DL VI 46）

ディオゲネスは貧困の状態になって、キュニコスの生を選んだ。もしも彼が貨幣改鋳事件に連座して国を追われることがなかったならば、このような生き方を選ぶことはなかったであろう。確かにキュニコスの徒となった人たちには、身の不遇な者が少なくない。キュニコスのひとりであるモニモスは両替商の召使であったし、キュニコス派の哲学者で風刺作家でもあったメニッポスは奴隷であったと言われる。さらに、ボリュステネス出身のビオンは、父親が解放奴隷で、母は売春婦であったが、父がお金を盗んだために、家族の全員が売られるはめになり、彼自身はある弁論家に売られたが、その後キュニコスの仲間になっている。

彼らのことはディオゲネス・ラエルティオスの列伝によって知られるが、他にも同様な境遇の者が何人もいる。フランスのシニシズム研究者として著名なグル゠サゼ（M.-O. Goulet-Cazé）は、キュニコスの人名録を編集しているが、キュニコスの徒としてその名前を確認できる者と無名のキュニコスとを合わせて、九七人を数えている。ここでそのひとりひとりの生涯をたどってみることはあまり意味のある仕事とは言えないだろう。しかし、そのうち比較的名の知れた人物を調べてみると、ディオン・クリュソストモスははじめは高名な弁論家であったが、ドミティアヌス帝によりローマから追放され（八二年）、一五年にわたって極貧の乞食哲学者として放浪した。他にも、ルキアノス作『ペレグリノスの昇天』に出てくるペレグリノスがいるが、彼は父親を殺害したかどで祖国を追放され、各地を転々として、最後には自害している。

こういったキュニコスの徒の悲劇を数え上げるのは、それほど困難ではない。そのために、研究者たちには、不運にさいなまれた当時の人がとる道がキュニコスであったという解釈を支持するものが少なくない。あらゆる人びとによって虐げられ、運命からも見放されたキュニコスの徒は、社会の法にではなく、自然の法に、すなわち貴賤の別なく、すべての人間が平等であるという法にしたがったのだ。このような解釈は、それほど的をはずしているわけではない。実際のところ、彼らの多くはその境遇ゆえにキュニコスになったからである。自尊心を捨て、恥ずべきこともあえて拒まぬことは、彼らにとって唯一残された生き方であったと考えられる。

しかしながら、キュニコスはいわば負け犬の生であったのかというと、ディオゲネスの言行を見るかぎりでは、そうは言えないように思われる。ディオゲネスの向こうには富裕な生があり、こちら側には貧窮の生がある。彼は少なくとも最初に選んでこちら側の生の仲間となったわけではない。やむなく乞食生活に入ったのである。しかし、その中で彼は間違いなくネズミの生を是とするようなある種の知恵を得た。貧窮の生を肯定する生き方を悟得した。それは外見はわずかな変化かもしれないが、彼にとっては人生の大きな転換であり、彼の哲学の出発点となった。その時には、ディオゲネスはもはや負け犬ではなかった。人びとはこのような生き方を、単なる負け惜しみと斬って捨てるかもしれない。けれども、このような貧窮の生を受け入れたのはディオゲネスだけではなかったことに注意しなければならないだろう。ソクラテスも、そしてディオゲネスに続くストアの学徒たちも、金銭を得ること、富を勝ちとることは幸福とはなんの関わりもないと考えたのである。

四　シニシズムという生き方

狂えるソクラテス

幸福を獲得するために必要なのは、富などのいわば外的な条件ではなく、むしろ精神がいかなる状態にあるかによるというこの思想は、もともとソクラテスのものであり、後代の哲学者らに大きな影響をあたえている。ソクラテスこそ、哲学の探求のためにあえて貧しい生活を選んだ哲学者であった。そして、ディオゲネスもまたソクラテスが歩んだのと同じ道を歩んでいる。彼らにとっては、貧困な生活そのものが目的なのではなかった。ソクラテスが精神（魂）の世話を至上の哲学としてすべてのものを犠牲にし、そのため貧しい生活に耐えたことは、『ソクラテスの弁明』において彼自身が告白しているところであり、ディオゲネスは追放の身で同じく貧しい生活を送ったが、自分の哲学のためにあえてこれを肯定したのであった。

プラトンがディオゲネスのことをどう思うかと訊かれて、「狂えるソクラテスだ」（DL VI 54）と言ったことは、よく知られている。同様の情報は、アイリアノス『ギリシア奇談集』（XIV 33）にもみえる。むろん、年代に問題があり、プラトンの言葉であったかも疑わしいけれども、この言葉もディオゲネスの本質を正しくとらえていると言えるだろう。プラトンは、ディオゲネスの異常な生活の中にソクラテスの臭いを嗅ぎとっていたわけである。

ソクラテスは哲学を神への奉仕と考えてこれに専念し、そのため貧窮に耐えた。一方、ディオゲネスも貧乏な状態に陥っても、これをあえて肯定して、他人の富を羨むことはなかった。彼らはともに困窮したが、そのような生き方をよしとしたのである。してみると、経済的な条件の劣悪さは、確かにディオゲネスをしてキュニコス的生に至るきっかけをつくったけれども、しかしそれは、彼がキュニコスとなるための十分な理由ではなかったと言うことができる。貧窮にめげず、おのれの運命に悲しむことがないのは、ある種の精神の強さが必要である。キュニコスの真髄はそのような強さにあるからである。

人間嫌い？

ディオゲネスは、当時の哲学者の多くがそうであったように、妻帯をしなかった。ディオゲネスばかりでなく、キュニコスの徒はたいてい独身で通した。唯一の例外とも言うべきが弟子のクラテスである。クラテスは、名家の出であり、ディオゲネスに師事したけれども、ヒッパルキアという女性を娶《めと》っている。これについては次章で述べよう。ディオゲネスが妻帯しなかった理由として、女嫌いが挙げられることがある。夏目漱石の『吾輩は猫である』には、ギリシアの哲人たちの女嫌いについてふれたくだりがある。トーマス・ナッシュ（Thomas Nashe）の『愚行の解剖』という書物からの引用であるが、「或る人問ふ、妻を娶る何《い》れ《ず》の時に於いてすべきか。ダイオジニス答えて曰く青年は未だし、老年は既に遅し」（『吾輩は猫である』十一、岩波書店）という言葉が挙がっている。ダイオジニスとはディオゲネスのことである。もちろん漱石は書いていないが、出典はディオゲネス・ラエルティオスである。

結婚するのがよい時期はいつかと尋ねられて、ディオゲネスは「青年はまだその歳ではなく、老年はもはやその歳ではない」と答えた。（DL VI 54）

もっとも、この言葉は最初の哲学者タレスについても語られているから（DL I 26）、誤ってディオゲネスのものとされている可能性もある。それはともかくとして、哲学に限らず、概してギリシア人が女嫌いであったことはよく知られている。文学でも、ヘシオドスの「女を信用する者は詐欺師をも信用する」（『仕事と日』375）を皮切りに、アリストパネス、エウリピデスと枚挙にいとまがなく、哲学者のほうも「女にではなく男に生まれたことで運命の神に感謝したい」（DL I 33）と言ったタレスをはじめ、これに少しも負けてはいない。これをギリシア語で「ミーソギュネース」という。女嫌いの意味である。

ローマ帝政期の弁論家テュロスのマクシモスは、ディオゲネスが独身のままであったのは、ソクラテスの妻のクサンティッペが悪妻であったことを聞いたからだ、というようなことを書いている（『弁論集』III 9）。哲学者のソクラテスと悪妻クサンティッペは好対照であったから、話題になりやすかったのであろう。したがって、右のマクシモスの言はそれほど信用することはできないように思われる。それから、あまり一般に知られていない例もここで挙げておこう。南イタリアでウェスウィウス（ヴェスヴィオ）火山の噴火でポンペイとともに土中に没した都市ヘルクラネウムには、こんなひどい落書きが書かれている。「女はもろもろの悪の中で最も悪しきものだから、川で溺れていても、これを助けるにはあたらない」。これは川で溺れている女性を見て、ディオゲネスが言った言葉だとある。他にも、現存するアラビア語資料に、「女性は避けようのない難儀なもの」（アル・ムバッシル・

イブン・ファーティク55）という言葉をディオゲネスに帰したものがある。もちろんこうした落書きの類いは、他の有名哲学者にも多くあるから、信用するには値しない。

ディオゲネスは女性嫌いではなく、男性も女性に劣らず嫌いで、要するに人間嫌いだったとする伝承もある。先に紹介した『ディオゲネス書簡集』には、「人間が存在するのをやめぬかぎり、後悔のなくなる時はない」（『ディオゲネス書簡集』47）というのがある。人間嫌いはギリシア語で「ミーサントローポス」と言うが、モリエールの喜劇に同名のものがあるのをご存じの人もいるだろう。プラトンは『パイドン』（89D）において、人間嫌いになるのは、他人を過度に信用して正直な人間と思い込んでしまい、後になってその人物が劣悪な奴で信用できないことに気づくようなことが何度も繰り返されると、人は人間嫌いに陥る、というもっともらしい説明をおこなっている。ギリシア人で最も有名な人間嫌いは、前五世紀のアテナイ人ティモンであろう。古代の作家たちがしばしば言及しているが、ティモンは友人らの裏切りによって財産を蕩尽してしまい、以来他人とのいっさいの交渉を絶ってしまう。同じく厭人家の哲学者アペマントスとだけはつきあいがあったが、ある祭りで二人して酒を飲んでいると、「酒盛りは楽しいものだな」と言う哲学者に、「君がいなければね」と答えたという。このティモンはシェイクスピアによって『アセンズのタイモン』という題で劇化されている。

ディオゲネスに話を戻すと、おそらくディオゲネスは特に女嫌いでもなく、ましてや人間嫌いではなかったと考えられる。ディオゲネスの所伝を注意して読むと、キュニコスの生き方はパラドクシカルな性格を持っていることに気づかされる。昼間にランプを灯しながら、人間が嫌いだとされるディオゲネスが「人間を捜しているのだ」（DL VI 41）と言う。「おおい、人間たち」とディオゲネスが叫んで、人びとが集まってくると、「呼んだのは人間だ、がらくたなんかではない」（DL VI 33）と言った、という資料が明らかにしているのは、キュニコス的生は人間性の否定をではなく、真正の人間性を追求するものだということである。アテナイのティモンのように人間不信に陥り、人間とのつきあいをすべて断つというのではなく、むしろ人に虚妄な生を捨てて、真実の生き方を選ぶように迫るものなのである。

パレーシア

現代フランスの哲学者ミッシェル・フーコーは、コレージュ・ド・フランスでの最終講義において、ギリシア語のパレーシアを扱い、パレーシアする人を「真理を語るために生命を賭ける者」としている（この講義については、『真理とディスクール――パレーシア講義』中山元訳、筑摩書房を参照）。パレーシア（parrhesia）というのは、文字通り「すべて」（pan）を「語ること」（rhēsis）を意味する。今で言えば、率直に語ること、言論の自由を意味する。ディオゲネスは、世の中で最もすばらしいものは何かと訊かれたとき、「なんでも言えること（パレーシア）だ」と彼は答えている（DL VI 69）。フーコーの右の講義は、ディオゲネスのこの言葉に共感しておこなわれたものである。パレーシアは前五～四世紀には政治の領域において重要な意味を持つ言葉であった。アテナイの民主制の本質的な特徴のひとつだと言うことができるだろう。アテナイの民主制は、市民権さえ持てば、市民の平等な権利、政治への参加を可能とする政治制度であったから、パレーシアは民主制の下においてのみ可能な権利であったと言える。その例として、エウリピデスの悲劇をみよう。『フェニキアの女たち』の一節である。

イオカステ　では私が一番知りたいことから尋ねます。祖国を追われるのはどんなことでしょう。とても辛いことでしょうか。
ポリュネイケス　それはひどいものです。実際と話とは大違いです。
イオカステ　どんなふうにですか。追放の身に何がそんなに辛いのですか。
ポリュネイケス　なによりもまず自由にものが言え（パレーシア）ないことです。
イオカステ　思うことを言えぬとは、それは奴隷と同じですね。

（『フェニキアの女たち』387―392）

これはオイディプスの妻とその子ポリュネイケスとの対話であるが、ポリスの市民でないことは、自由にものを言う（パレーシア）ことができないことを意味した。もともと、パレーシアはこのような政治的な意味の言葉である。アテナイには自由があって、どんなことでも発言できるというような、言論の自由について用いるのが普通であった。ところが、プラトンの『国家』を読むと、少し様子が違っていて、この言葉があまり善くない意味で用いられている。

ソクラテス　そうするとまず第一に、人びとは自由であり、国家には行動の自由となんでも話せる自由（パレーシア）があふれており、どんなことでも思った通りにおこなうことが許されているのではないか。（『国家』557B）

古代の民主制（民主主義）国家においては、まず自由があり、それによって言論の自由（パレーシア）が認められるとともに、どんなことでも好きなことができるとしているが、このようにソクラテスに語らせているプラトンは、明らかにこうした民主制のあり方には批判的なのである。もちろん、プラトンは民主制国家の中で誰でもが言論の自由を持つことを非難しているわけではない。プラトンが非難しているのは、むしろ民主制下では誰もが自分の好き勝手な生き方をするに至る、衆愚政治に陥る危険があることであった。

もうひとつ別の例を挙げよう。今度は、ソクラテスがパレーシアについて語った言葉である。プラトンの初期作品の『ラケス』であるが、フーコーが最も注目しているものである。『ラケス』に登場するのは老将軍のラケスとニキアスで、後者はペロポンネソス戦争においてシケリア島遠征に参加し、戦死したことで有名な人物である（トゥキュディデス『歴史』に詳しい記述がある）。

問題の箇所は、対話人物のニキアスとラケスの二人がソクラテスについて語る場面である。

ニキアス　君はご存じないようだ。誰でもソクラテスのすぐ近くにいて話をしようものなら、たとえその前はなにか他のことについて話し始めていたとしても、議論で引きまわされて、ついには自分自身について、どんなふうに今生きているかとか、どんなふうに過去の生活を生きてきたかとか、説明するまではやめてもらえないし、そうなったが最後、ソクラテスは全部を十分に吟味するまでは手放してくれないのだ。（『ラケス』187E）

ラケス　私はソクラテスの議論というのは知らないんだが、以前に実際に会った経験はあるよ。この人が立派なことをどれほど遠慮なく言ったとしても、それにふさわしい人間だった。（同189A）

原文の意をくんで少々意訳してあるが、ここでラケスが言っている「どれほど遠慮なく言ってもそれにふさわしい」のところは、直訳すれば「あらゆるパレーシアに値する」となる。ソクラテスのパレーシアは明らかに先の二つの政治的な意味のものとは異なっている。ソクラテスのパレーシアは、対話の相手との個人的な関係の下に遠慮することなく、相手の議論と生き方を吟味するというかたちで現れている。アテナイの著名な政治家や有力な技術者、作家と問答することで、自分の身を危険にさらすかもしれないというリスクを背負うことになる。これがソクラテスの場合のパレーシアであった。ここに二つのパレーシアがある。ひとつはエウリピデスやプラトンが述べている政治的な意味でのパレーシアで、もうひとつはソクラテスが実践していると言われるパレーシアである。キュニコス派のディオゲネスが引き継いだのは、後者のそれであった。ただし、両者には明らかな違いがあった。キュニコス派はソクラテスの考え方を継承しながらも、それをきわめて挑発的な仕方で示している。プラトンがディオゲネスのことを「狂えるソクラテス」と呼んだという挿話が生じた理由もこの辺りにもあると考えられる。

フーコーがディオゲネスの哲学活動の本質をパレーシアというところでとらえているのに注目したい。相手が誰であっても、アレクサンドロス大王のような世界征服者が相手でも、真理を自由に語るパレーシア、ただしソクラテスとは違って、かなり大胆で、時には露骨な物言いでも、あえてこれを語るという態度であった。

キュニコスを生きる

キュニコスは学派、つまりある学問を継承するような人びとを指すものではない。むしろ、虚飾を捨てて、自然のありのままに生きることを実践するものである。その際、重点は学説にではなく、実践そのものに置かれている。同時代のヘゲシアスという人物から、彼の書物を一冊貸してほしいと言われたとき、ディオゲネスはこう答えている。

ヘゲシアス、君も間抜けだね、干しイチジクなら絵に描いたものではなく本物を選ぶくせに、本物の訓練には目もくれず、書かれたものに向かっていくとはね。（DL VI 48）

ディオゲネスの弟子であるクラテスにも『クラテス書簡集』というものが現存している。これらは先に挙げた『ディオゲネス書簡集』と同様に、後代に作られた偽物であるが、やはりキュニコスの精神を伝えたものが少なくない。これらは日本語訳ではお目にかかれないものなのでここで紹介しておくと、

理論によって幸福に至る道は遠いが、日々の実践によって訓練を積む道は幸福に近いものである。

（『クラテス書簡集』21）

とある。こうした傾向は、むずかしい言葉で表現すればアンティ・インテレクチュアリズム、つまり反知性主義ということになるだろうが、ディオゲネスの所伝にはこうした傾向がとりわけ強いということができる。こんな話も伝わっている。

プラトンがイデアについて問答しながら、「テーブル性」とか「杯性《さかずき》」とか名づけていると、ディオゲネスはこう言った。「プラトンよ、僕にはテーブルも杯も見えるけど、テーブル性とか杯性は全然みえな

いよ」。（DL VI 53）

これはプラトンのイデア論を批判したものであるが、この話にはプラトンのほうからの反撃の言葉も伝えられている。

それはもっともな話だ。君はテーブルや杯を見る目を持っているが、テーブル性や杯性を考察する知性を持ち合わせていないからだよ。（DL 同所）

ディオゲネスは音楽、幾何学、天文学などは無用の学問だとみなしていたと言われている（DL VI 73）。これらを奇妙な取り合わせだと思われるかもしれないが、音楽、幾何学、天文学は当時の数学の部門を構成するものであった。注意すべきは、ディオゲネスは学問をすること自体を否定したわけではないことである。むしろ、人生を生きるのに数学は不要だと考えたのである。この点では、自分の創設した学校アカデメイアの入口に「幾何学を知らざる者入るべからず」という言葉を掲げていたという伝承をもつプラトンと好対照である。ストバイオスが伝えている話に次のようなものもある。

ある幾何学者がディオゲネスのことを無教養でなにも知らない人間だと言った。すると、「わかってくれたまえ。ケイロンでさえアキレウスに教えなかったことを学んでいないだけだよ」と彼は答えた。（『精華集』II 31）

ギリシア神話で半人半獣のケンタウロスが登場するが、ケイロンはケンタウロス族でも賢人で知られた。英雄アキレウスに学問を教えたのがケイロンである。そのケイロンでさえ教えなかったこととは、もちろん幾何学のことを言っている。最初の哲学者タレスより以来、ピタゴラスの学派を通じて幾何学は研究され、三角形の斜辺の非通約性の問題（つまり無理数のこと）など、プラトンの時代にはすでに高度な発達を遂げていたが、ディオゲネスにはまったく必要のないものであった。

キュニコスを生きるというのは、自分に必要なものを最小限に抑えるというミニマリストの生を生きることに等しい。もちろん、それに対する批判は古代においてもあった。「犬」という呼称がすでにそのことを示している。職をもたず、物乞いで生活し、恥を知ることがなく、彼らが求める野生への回帰は人間性の放棄ではないか、などなど。そうした批判はこの学派について回ったが、一方でキュニコスを賞賛した人たちもいる。エピクテトスがそうであり、『語録』にはキュニコス派に関する一章がある。作家のルキアノスもしかり。現存する彼の作品にはしばしばキュニコスの徒が登場する。そして、後世において背教者と呼ばれたユリアノスである。本書では詳しく紹介できなかったが、彼の時代（後四世紀）のキュニコスには失われていた真のシニシズムの精神の大切さを訴えている（『弁論集』VI）。さらに、近代においてもシニシズムに同調する哲学者も少なくなかった。ドイツの哲学者カントの言葉を最後に引いて、この章はおしまいにしよう。

ディオゲネスによれば、人間はごくわずかなもので満足しうる。なぜならば、自然にしたがうかぎり、欠けることがないからである。このようにすれば、人は生活の手段を欠いていると感じるよりは、むしろその欠如において幸福を享受するようになる。彼の言うことには多くの真実がある。なぜなら、生活の手段が供給される分だけ、私たちの必要とするものも増すからである。私たちは手に得ることのできる手段が多ければ多いだけ、必要とするものもまた多くなってしまうのである。

（『倫理学講義』Menzer, 8f.）

第二章　時代が求める新しい哲学――ストア哲学の誕生

一　ストア哲学の祖ゼノン

アレクサンドロス大王の急死

前三二三年六月一〇日の夕刻、マケドニアの大帝国を築いたアレクサンドロス大王がバビロンで急死する。インド遠征から戻り、バビロンを新しい都に定め、アラビア半島制覇と西地中海侵攻の準備を進めていたさなか、突如高熱を発して倒れ、バビロンの宮殿で亡くなった。三三歳であった。跡継ぎを決める暇もなかったため、それ以降はアレクサンドロスの後継者たらんとする大王の遺将たちの間で抗争が繰り返される。大王の死去からおよそ四〇年は、世界史ではギリシア語で「後継者」を意味するディアドコイの時代と呼ばれる。大帝国はエジプトのプトレマイオス、マケドニアのカッサンドロス、トラキアおよび小アジアのリュシマコス、シリアのセレウコスの四つの王国に分断されるが、その後さらに整理されて、マケドニアのアンティゴノス朝、エジプトのプトレマイオス朝、シリアのセレウコス朝の三王朝が分立する。

歴史家はアレクサンドロス大王の死以後をヘレニズム時代と呼んでいる。古代ギリシア語ではギリシアはヘラス（Hellas）と言うが、純然たるギリシア人たちが活躍した時代をヘラスの時代（Hellenic

Age）と言うのに対して、ヘレニズム時代はその生活様式や文化がヘラス化（ヘレニスティコス）した時代（Hellenistic Age）である。この時代の特徴はその担い手がかならずしもギリシア人ではないことであり、周辺地域のさまざまな出自をもった人びとが登場する。そして政治の中心はもはや都市国家の「ポリス」ではなくなっていた。ピリッポスとアレクサンドロスが率いるマケドニア軍がギリシアの各ポリスの連合軍を一掃し、これらを支配下に置くと、ポリスの存在は有名無実のものとなってしまい一大帝国の中に組み入れられていった。大王の死後もその構図は存続する。ポリスが独立して存在していた頃は、個人と政治が密接に結びついていたが、ヘレニズム時代にはそのような関係は失われ、政治が個人の手の届かないものとなっていく。個人と政治の分離である。かつてはいかに生きるかは、ポリスをいかに形成し保持するかと同義であったが、ポリスという生活の基本単位が破壊されると、人びとの生活から「政治」が遊離していき、純粋に個人的な生き方のみが問われるようになっていく。

ヘレニズム時代のもうひとつの特徴は、ギリシア語の「共通語」の誕生である。私たちが例えば歴史家のヘロドトスの『歴史』を読もうとすると、その言語は小アジア沿岸のイオニア地方で話されていた方言形（イオニア方言と呼ばれる）で書かれている。一方、トゥキュディデスの『歴史』やプラトンの対話篇を読むときにはアテナイを中心とするアッティカ地方の方言形（アッティカ方言と言う）で読まなければならない。その他にも、アイオリス方言やドリス方言などがある。これらはともにギリシア語であるが、その語形において微妙な違いが存在している。ギリシアの古典文化を作り上げたさまざまな作品はこうした方言形で書かれているのである。しかし、アレクサンドロス大王の遠征によって各地の文化がギリシア化されていくなかで、ギリシア語も国際語としての地位を築くようになる。ちょうど今日の人びとが国際語として英語を習得しようとするのと同じで、ギリシア語が異なる民族間をつなげる共通の言語となっていくのである。ギリシア語はいわばヘレニズム時代の英語である。そうしたなかで、各方言形の煩雑な相違が解消され、誰にでも通じる言語と化していく。このギリシア語はコイネーと呼ばれる。共通語の意味である。新約聖書のギリシア語はこのコイネーで書かれている。ユダヤ教の教典である旧約聖書が前三世紀から前一世紀にかけてヘブライ語からギリシア語に翻訳されたのも同じような時代の要請によるものである。同聖書は『七〇人訳ギリシア語聖書（Septuaginta）』と呼ばれ今日に伝わっている（Septuagintaはラテン語で七〇の意味）。

キティオンのゼノン

ヘレニズム時代に入ってさまざまな民族が入り混じりあうなかで、哲学思想にも変化がみられるようになった。以前にはプラトンやアリストテレスがポリスに哲学学校を創建していたが、ポリスが崩壊すると、新しい時代に合った哲学が求められるようになる。本書で述べるストア哲学はそうした時代の要請から生まれてきたのである。まずはその始祖と目されるゼノンが登場する。哲学ではゼノンは二人いる。ひとりはいわゆる「ゼノンのパラドックス」で知られるエレアのゼノンである。この哲学者は今話している時代よりも一〇〇年も前の人物である。私たちがこれからみるのはもうひとりのキティ

キティオンのゼノン（前335頃～263頃）
ファルネーゼ・コレクション

オンのゼノンである。

　ゼノンが哲学と邂逅するのはまったく偶然のことであった。ゼノンは地中海の東にあるキュプロス島の南岸にあったキティオン市の出身である。キティオン市はギリシア人が建てた植民市だったが、近郊のフェニキア人もさかんに移民してきたから、両者が混淆して生まれた町である。ゼノンの家系はフェニキア人だったと言われているが、もしそうだとすると彼にはセム系の血が混じっていたことになる。彼の一家は貿易商を営んでいたのだが、ある日フェニキアからギリシアへ紫貝を輸送しているときに、アテナイ（現在のアテネ）の外港であるペイライエウスの沖で船が難破してしまう（DL VII 2）。どうしたものかと思いながら、アテナイまでやって来るとそこに一軒の本屋があった。いろいろなパピルスの本が並ぶなかで目にとまったのが、クセノポンの著作である。クセノポンは『アナバシス』や『ギリシア史（ヘレニカ）』で名高い歴史家であり、また哲人ソクラテスの弟子にもなって哲学書も遺している。当時はすでに亡くなっていたが、難しい修辞的な技巧を用いないその平明な文体が人気を博していた。ゼノンが目にしたのは『ソクラテス言行録（ソクラテスの思い出）』の第二巻である。腰を下ろしてパピルス本を眺めているうちに、「これは面白い」と思った。そこで、当時文化の都であったアテナイで本屋を営んでいるからには詳しかろうと考え、本屋の親父に「ここに書かれているような人たちは、いったいどこに暮らしているのかね」と尋ねてみた。すると、ちょうど折よく哲学者のクラテスが前を通ったので、店の主人はあの人について行くといいよと言った。これがきっかけでゼノンは哲学の道に入ったのである。

　クラテス（テバイの出身）はディオゲネスの弟子である。ここで少しクラテスのことを紹介しよう。もともと名家の出で、莫大な財産をもっていたが、ある時に、おそらくエウリピデスの悲劇と思われるが、トロイア戦争にまつわる劇が上演されていた。劇中でテレポン（ギリシア軍にトロイアへの経路を教えた人物）が、みすぼらしい衣服を着て小さな籠《かご》だけを所持しているのを観て、「こんな生き方もあるのか」と思って、財産のすべてを捨ててディオゲネスのもとに走り、師と同じようにボロの衣服を身にまといキュニコス（犬）になった人である。彼の妻のヒッパルキアもキュニコスである。彼女もまた名家の出身で財産のある美しい女性であったが、求婚者には目もくれず、クラテスの生き方にぞっこん惚れ込んだ。両親は心配してクラテスから離そうとするが、引き離すなら自殺すると言って、とうとう哲人の妻になってしまった。ディオゲネス・ラエルティオスの『ギリシア哲学者列伝』に唯一名前を連ねている女性哲学者である。彼女についてはこんな話が伝わっている。ある日ヒッパルキアはテオドロスという名の無神論者を議論でやりこめたことがあった。すると、テオドロスはなにも言わずに彼女の衣服を引きはがした。テオドロスがエウリピデスの悲劇の言葉を使って、「機《はた》のそばに梭《ひ》を置きっぱなしにして」（『バッコスの信女たち』1236にある言葉）とはこの女のことかとからかうと、彼女は少しも狼狽することなく「それが私なのよ。機織りに使う時間を学問に使ったからといって、悪く思わないで」（DL VI 98）と言い返したという。クラテスと彼の妻については今はこれだけにしておこう。

ゼノンに話を戻すと、クラテスの弟子になってキュニコスの生き方を学んだのだが、その頃に書いたのが『国家』という書物である。ゼノンの『国家』は現存しないが、プラトンの同名の書物に対抗して書かれたことは明らかであり、キュニコスの思想からの深い影響が見受けられる。ゼノンの思想はその後に多様化し深化していくから、この時期の思想をもってストア派のものと考えることには問題がある。この『国家』について述べられた論評に次のようなものがある。

私ならゼノンの「太腿《ふともも》に擦《こす》りつける話」を酒宴の冗談ならともかく、『国家』のような真剣な書物の中に入れるようなことは望まなかったであろう。（プルタルコス『食卓歓談集』653E）

「太腿に擦りつける話」と訳したプルタルコスの言葉は、アリストパネスの喜劇『鳥』（669）にも出てくるが、セックスを暗示するきわどい表現である。後述するが、プルタルコスは『国家』のコスモポリタニズム（世界市民思想）を賞賛しているから、右のような話題は『国家』にはふさわしくなかったと言っているのである。『国家』は現存していないから詳しい議論の中身はわからないが、ディオゲネス・ラエルティオスに要約があり、それを参考にして、今の言葉に関連する記事を探してみると、その中に妻を他人と共有すべしという主張があった（DL VII 33）。これはキュニコス派の思想でもある。ディオゲネス自身にも『国家』という書物があったとされるが、その内容についてはさらにわかっていない。しかし、今の議論に関して言えば、妻を他人と共有すべしというのは、プラトンの『国家』において述べられる理想国家論で妻子を共有するのがよいという主張と対応しているのは明らかである。プラトンの議論はここでは省くが、ゼノンの場合にはプラトンの主張とは違って、フリーセックスの勧めのようにみえる。このようにディオゲネスやゼノンはプラトンへ明確な対抗意識をもっていた。プラトンが勧める一般教育を不要なものとして否定することなども含め、ゼノンの初期の思想にはキュニコスの影響が色濃く残っていたわけである。

ポレモンとの交流

しかし、ゼノンがキュニコス派の思想に留まっていたとしたら、彼の思想がストア哲学と呼ばれることはなかっただろう。ゼノンはクラテスから影響を受けながらも、それだけでは飽きたらず、他の哲学者とも交流を持つようになる。まずメガラ派である。メガラ派というのは、ソクラテスの弟子のエウクレイデスを祖とする哲学の学派だが、ものごとの論証の技術において優れていた。ゼノンが熱心に通ったのは、スティルポンという名の哲学者である。ゼノンはクラテスの下で哲人としての生き方を学んでいたが、キュニコスの社会の慣習を無視した態度に次第に疑問を感じるようになっていた。ある時、ゼノンがスティルポンの下で学んでいたとき、クラテスがやって来てゼノンを無理やり連れ戻そうとした。その時のゼノンの言葉が残っている。

クラテスさん、哲学者を導く賢いやり方は、耳を通じて導くことですよ。耳を説得したうえで連れていってください。無理やり連れ戻そうとしても、身体はあなたの側にあっても、心はスティルポンの下にありますからね。（DL VII 24）

さらに、ゼノンは初期の作品である『国家』ではプラトンに批判的であったが、後にはプラトンが建てたアカデメイアにも熱心に通っている。プラトンのこの学校は、プラトンの死後に甥《おい》のスペウシッポスが引き継ぐが、その後クセノクラテス、さらにポレモンに受け継がれていく。プラトンから数えて四代目の学頭になったポレモンは、アテナイの市民から深い尊敬を受けていたが、自身はアカデメイア（アテナイ市の北西にあった）からほとんど出ることなく、庭園の中にあったエクセドラと呼ばれていた講義用の場所の近くに小屋を建てて、そこに住んで日がな講義と思索を続けていた。後年キケロはアカデメイアを訪れて、哲人たちが教えたエクセドラをみて感慨にふけっている（『善と悪の究極について』V 4）。ゼノンが通ったのは主にポレモンの講義であった。両者のやりとりについては、ポレモンのこんな言葉が残っている。

　ゼノンよ、私は気づかないわけではないよ。庭園の木戸から忍び込んで、私の学説を盗んで、フェニキア風の衣装を着けているのをね。（DL VII 25）

ポレモンがフェニキア風と言ったのは、ゼノンはその出身地から「フェニキア人」という渾名がついていたからである。こんなこともあって、後年にストアの学説はアカデメイアからの剽窃《ひょうせつ》だという批評も生まれたのである。

　このように当時のさまざまな学派の思想を学んだのち、キュニコスの思想に加えて、論理学や自然学をも取り入れた新しい哲学を提唱し、独自の学派を作るに至った。最初は彼にしたがう人びとは「ゼノン派（ゼノネオイ）」と呼ばれたが、後には「ストア派（ストイコイ）」と呼ばれるようになった。名称の由来は、アテナイの広場の近くにあった彩色柱廊（ストアー・ポイキレー）の中で講義したことにある。彩色というのは、タソス島出身でギリシア絵画の巨匠と謳われたポリュグノトスの絵画で柱廊が飾られていたためである。

エジプト葡萄の蔓

　ゼノンはフェニキア人のほかに、「エジプト葡萄《ぶどう》の蔓《つる》」という渾名もあった。これは下半身がしっかりとしているが、上半身がなんとなく弱々しい感じがしたためである。また、色が浅黒かったとも言われている。けっして剛健な身体ではなく、むしろ病弱であったのだが、清貧の生活によく耐え、「哲学者のゼノンより自制心がある」（DL VII 27）という諺が生まれたほどであった。貿易商をやっていたときには莫大な財産を持っていたが（当時のお金で一〇〇〇タラントン）、哲学の生に入ってからは、小さなパンと蜂蜜、少量の葡萄酒を食していたと言われている（DL VII 13）。その新しい哲学と生活態度はアテナイ人に深い感銘をあたえた。当時、市の城門の鍵を外国人に委ねるようなことはなかったが、ゼノンは人びとから信頼され、これを任されたとか、あるいは死に際しては、国民議会が金の冠を授け、墓を国費でもって建設したとか伝えられている。当時はマケドニアの君主であるアンティゴノス・ゴナタス（アレクサンドロス大王の武将アンティゴノス一世の孫）が支配していたが、アテナイにやって来るたびに、ゼノンの講義に出席し、宮廷に来るように再三にわたって招いた。しかし、王と直接に交流することはなく、自分の弟子を代わりに派遣している。両者の往復書簡がディオゲネス・ラエルティオスの『ギリシア哲学者列伝』に残っているが、ヘレニズム時代は著名人の偽造書簡がさかんに作られた時代であるから、真作でない可能性が高い。そのことを割引して読んでみると、当時はすでに老齢（書簡では八〇歳）であったから、もはや宮廷に赴くことのできる身体ではないので、代わりの者を差し遣わしたいと書面には書かれている。もともとゼノンは喧噪を嫌っていた。人混みのないところを好んだし、宴席に着くときには、一番端っこに腰をかけた。端に座っておけば、煩わしさの半分は回避できると思ったからである。また、意味のないお喋《しゃべ》りも好まなかった。これについては、ゼノンの有名な言葉がある。ある時、ゼノンの前でお喋りをしている青年に対して、彼はこう言ったとされる。「人間には耳が二つあって、口がひとつしかないのは、より多くを聞いて、より少なく話すためなのだよ」(DL VII 23)。

ゼノンは生涯にわたって健康で、病気をすることはほとんどなく、九八歳まで長生きをして死んだ(死んだときの年齢に関しては異説もある)。アテナイにやって来て、哲学を始めたのは二二歳であったから、ずいぶん長きにわたって哲学を教えたことになる。その最期については次のように伝承されている。講義を終えて、学園から去ろうとしていたとき、つまずいて転倒し、足の指を骨折した。すると、ゼノンは地面を拳で叩きながら、詩人のティモテオスの言葉を口にして、「今行くところなのに、どうして私を呼ぶのか(erchomai, ti m' aueis)」(DL VII 28)と言うと、その場で自分の息を止めて死んだという。こういう場面でギリシア人はよく詩の一節を引用したりするが、悲劇の韻律になっているので、原文も掲げておいた。つまりは、つまずいて転んだゼノンは自分の死期の近いのを悟り、自死を選んだということである。ストア派の自殺については、ドイツの哲学者のショーペンハウアーはストア派が自殺を讃美したように書いているが、これが誤りであることや、ストア派が唱えたとされる自殺論がけっして特異なものではなかったことは、後述することにしたい。ゼノンの埋葬は、外国人としては異例のケラメイコス地区(アテナイのディピュロン門の外に広大な墓地があり、戦死者が葬られた)でおこなわれた。アンティゴノス王は訃報に接し、その死を悲しんだと言われている。

二　初期ストア派の哲人たち

ニール・アドミーラーリー

先に述べたように、ゼノンは自分の貿易船が難破して、アテナイで哲学を学ぶことになったのだが、その際に「偶然が私に安心して哲学するように命じている」（セネカ『心の平静について』XIV 3）と言ったとされる。自分の身にふりかかったこの上ない不幸を悲しみ、絶望する人間もいるが、ゼノンはこれをもっけの幸いとした。このあたりにストア哲学の本質が現れている。ストア派の哲人たちは、いかなる困難、逆境にあっても、これに動じることのない不退転の精神を持つことを勧めている。ディオゲネス・ラエルティオスの『ギリシア哲学者列伝』を読むと、この精神がキュニコスから生まれていることがわかる。もともとはソクラテスの弟子であったアンティステネスが師から学んだものとも言われているが（DL VI 2）、ディオゲネスの「物事に動じない心」、クラテスの「自制心」、ゼノンの「不屈の心」はすべて同じ精神の表れである。少しイメージを摑んでいただくために字義の説明を加えておくと、「物事に動じない心」と訳されたギリシア語のアパテイアは人間が経験するさまざまな感情・情念（pathos）に動かされない態度を、「自制心」という訳のエンクラテイアは自分に打ち克つことを、「不屈の心」と訳したカルテリアは苦難にあっても耐えることを意味している。ゼノンについて言えば、非常に辛抱強く、またきわめて質素で、火を使わない食べ物をとり、薄い衣服を着ていたとされる。そんなところから、当時の喜劇作家がゼノンを茶化して、こんな詩を作ったとされる。

一個のパンと、おかずは干したイチジク、水を飲んでいやがる。
新しい哲学を創案しながら
飢えることを教えていて、それでも弟子は集まってくる。（DL VII 27）

ストア派の学徒は、どのような事態にも動じず、心の平静を保つことを心がけることを勧める。ひとの人生にはさまざまな波乱があり、運命にさいなまれることがあるが、心をかき乱されることなく、これに耐えることを唱導するのがストア派である。「ニール・アドミーラーリー」という言葉がある。「なににも驚かない」「なにごとにも動じない」という意味のラテン語である。夏目漱石の『それから』で、主人公代助について「二十世紀の日本に生息する彼は、三十になるか、ならないのに既にnil《ニル》 admirari《アドミラリ》の域に達してしまった」（二、岩波文庫）と記されているので、ご存じの向きもあるかもしれない。その他には森鷗外の『舞姫』に引用されたりなどしているが、これはホラティウス『書簡詩』にみえる言葉である。

なににも驚かないこと、これこそがヌミキウスよ、
人を幸せにして、これを保つほぼ唯一無二の方策だ。
あの太陽、星辰、時を定めて移ろいゆく四季を
なんの恐れも抱かず眺めやる人もいる。

大地の賜物や遥かなるアラビア人やインド人を
富ませる海の賜物をどのようにお思いか。
ローマの市民が喜ぶお芝居や拍手喝采をどのように、
どんな気持ちで、どんな顔で眺めるのがよろしかろう。
これらとは反対の不幸を恐れる人もいて、求める人と
同じように驚くのだ。いずれにしても、不測の事態が出来して震駭《しんがい》させると、たちまち不安に苦しむこととなる。

（『書簡詩』Ⅰ6, 1—11）

人間は好運、不運に一喜一憂し、心が安まることはない。それならば、なにが起ころうとも驚かぬがよい。これは人生を生きるためのひとつの知恵となる。ゼノンらが主張する平静な心はこのような知恵によって支えられているのである。もっとも、これはホラティウスが作り出した言葉というわけではない。「なににも驚かない」という言葉はギリシア語ではメーデン・タウマゼイン（mēden thaumazein）と言うが、博学の哲学史家プルタルコスはこの表現をピタゴラスの言葉として引用している（『講義を聴くことについて』44B）。一方、歴史家のストラボンは原子論哲学者のデモクリトスに帰しているので（『地誌』Ⅰ3, 21）、これを誰かの言葉として特定するのはむずかしいかもしれない。いずれにせよ、とりわけストイックな生き方を唱導するストア学派に似つかわしい表現であることは間違いない。

けれども、安心立命を至上とし心を動かされないことを哲学の目的とするということは、結局どういうことなのだろうか。これは一般には悲しいことに耐えるために、はじめから絶望しておけばよい

という考えだと言われる。しかし、それはどのような意味であるのか。なにもかも諦めてしまうということであるのか。人間はその生涯においてさまざまな不幸に遭遇するが、ストア派が説くのは、人間は不幸にひたすら耐えるしかないのだという忍従の哲学ではない。むしろいかなる逆境にも動じない、不退転の強さなのである。これはストイックに生きることの本質に関係する問題であるが、ストア派の哲人たちの思想を紹介するなかで述べていくことにしよう。

ゼノンの弟子たち

話を始祖のゼノンに戻すと、ゼノンの晩年にはその名声を伝え聞いて、さまざまな弟子たちが集まった。その中で最もよく知られているのが、クレアンテス（前三三一頃〜二三二頃）である。クレアンテスもアテナイの人ではなく、小アジア北西のアッソスという町の出身である。アッソスはかつてアリストテレスが逗留し、研究活動をおこなった土地であるが、それはクレアンテスが生まれる一〇年以上も前の話である。クレアンテスはおよそ哲学者のイメージから遠い人物であった。筋肉質の身体をもち、才気煥発とか聡明怜悧《れいり》とかよりは、むしろ鈍重と言うにふさわしく、仲間の哲学者からロバと呼ばれても、いっこうに意に介することなく、師の重い荷物を運ぶことができるのは自分だけだと言っていた。ゼノンに入門した当時は非常に貧しく、日々肉体労働にいそしんでいた。そのために、プレアントレース（水汲み夫）という渾名がついていた。彼がゼノンの弟子になった頃は、プラトンが創設したアカデメイアの学園と、快楽主義を唱えたエピクロスが主宰した学園（エピクロスの園）の二つのライバルとなる哲学学校があり、それぞれアカデメイア派、エピクロス派と呼ばれていたが、ゼノンの弟子たちがこれらの学派から影響を受け、あるいはそれに転向したりするなかで、クレアンテスは愚鈍とも言っていいほどゼノンの生き方と思想に追従《ついじゅう》した。そうした性格をみてとったのか、ゼノンは多くいた弟子の中で、クレアンテスをみずからの後継者に選んだのである。クレアンテスは一九年間ゼノンに学び、ゼノンの没後はおよそ三〇年にわたってストア派の学頭を務めた。

彼の最期については、ディオゲネス・ラエルティオスの『ギリシア哲学者列伝』や、ヘルクラネウム・パピルスから知られる。ヘルクラネウムのことは先にも出てきたが、後で詳しく述べる。一八世紀以後の発掘調査によって出土したパピルスの中に、『ストア派について』という断簡があり、ところどころに欠損があるが、クレアンテスの死については次のように記している。

クレアンテスが亡くなる前に、唇の周りに腫れ物ができたが、医者たちはこれを悪性のものだと考えた。……［判読不能］……それで、ディオニュシオスに生命を終えるときだと言った。（『初期ストア派断片集1』476）

ディオニュシオス（ヘラクレイアの）——まったく同名の人が二人いるが、ヘラクレイアの独裁者とは別人——は、同じくゼノンの弟子である。ディオゲネス・ラエルティオスは、もう少し詳しい情報を提供していて、医者の勧めによって二日間絶食をして、少し回復したのだが、そろそろ出発の準備をする頃だと言って、引き続き絶食をして亡くなったという（DL VII 176）。クレアンテスの哲学的な業績は、師のゼノンの思想を継承し、発展することにあったが、彼らしく師の哲学から大きく離れることはなかった。

後四～五世紀の人で、ギリシアの作家たちの作品を整理して、息子のために抜粋集を編んだ人物にストバイオスがいるが、彼が遺した『精華集』にはクレアンテスが書いた詩「ゼウス讃歌」（I 1, 12＝『初期ストア派断片集1』537）がそのまま保存されている。ストアの思想を韻文の形式に乗せて綴ったものであるが、ゼウス、すなわち万有のロゴス（理性）の優位を説いている。この讃歌は「不死なるものどもの中でもいやまして気高く、多くの名称《な》にて讃えられる、とこしえに全能なるゼウスよ」で始まるが、同時代人のアラトスの『星辰譜《パイノメナ》』の冒頭とよく似ている。このアラトス（前三一五／三一〇～二四〇頃）も小アジアの出身で、南東部のキリキア地方のソロイという町に生まれたのだが、アテナイにやって来て、しばらくはアリストテレスの学派であるペリパトス派に学んでいたが、その後にゼノンに遭遇し師事する。ゼノンにしばらく学んだと思われるが、クレアンテスのように長くストア派に留まっていたとは考えられない。叙事詩『星辰譜』はアラトスの現存する唯一の作品であるが、ストア派の世界観の下に書かれたもので、その意味ではクレアンテスの「ゼウス讃歌」と同じ精神的世界に属している。もっとも、アラトス自身は天文学者でも何でもなく、当時の天文学の知見を韻文に乗せたまでのことであり、その点ではヘレニズム時代の作家たちとの共通点を持っている。

それはともかく、ゼノンにはさまざまな弟子がおり、右に挙げたディオニュシオス（ヘラクレイアの）もそのひとりである。もっとも、最初ゼノンの薫陶を受けたが、後年にはキュレネ派（ソクラテスの弟子のうち、アリスティッポスが北アフリカのキュレネに開いた学派）にしたがい、「快楽こそ人生の目的だ」（DL VII 166—167）と唱えたために、転向者という渾名をつけられた。このように当時の哲学者たちには、いろいろな学派に転向する者が少なくなかったが、対してクレアンテスひとりが師の立場を守った。そして、クレアンテスの弟子のひとりがクリュシッポスであるが、彼こそ初期ストア派の哲学を語るうえで最も重要な人物である。

このクリュシッポスもアラトスと同様にソロイの出身である（近隣の大都市タルソスの出身だという説もあるがよくわからない）。もともとは長距離ランナーであったが、晩年のゼノンやクレアンテスの話を聞いて、哲学に転向した人物である。非常に才能に恵まれた人物で、クリュシッポスがいなければ、ストア派の哲学はなかったとまで言われた。「哲学の学説を教えてもらえれば、その証明は自分で見つけるだろう」（DL VII 179）というのが彼の口癖であったという。クレアンテスの弟子となって、その後独立をするのであるが、クレアンテスに対しては尊敬の念を失うことはなかった。哲学論議で師を打ち負かしても、すぐに後悔しては、「私は他のことでは幸福に生まれついた男なのに、ことクレアンテスに対してはそうじゃなく、不幸せ者だ」と言っていた。これはイアンボスという悲劇の詩形に乗せた文句で、もともとはエウリピデスの『オレステス』（540―541）にある「こと娘に対してはそうじゃなく」をもじって言ったものである。議論の達人であるクリュシッポスも師のクレアンテスには一目置いていたわけである。クリュシッポスはかなりの自信家で、ある時に自分の息子を誰に託したものでしょうかと訊く人に、「そりゃ私にだよ。私より優れた人がいるとしたら、私自身がその人の下で哲学の勉強をしていただろうからね」（DL VII 183）と答えている。また、酒にも強くて、「クリュシッポス様は、足だけが酔っ払う」という召使女の言葉も残っている。さらに、非常な多作家でもあり、一日に五〇〇行書いたとされ、著作は七五〇巻にのぼったと言われているが、それらはことごとく散佚し、引用断片でその思想を垣間見ることができるだけである。もっとも、他からの引用が多いことでも有名で、これをからかって、クリュシッポスの

クリュシッポス（前279頃～206頃）大英博物館蔵

本から引用を抜いたらなにもなくなってしまう、と言われたこともあった。その著作のひとつで、エウリピデスの『メデイア』をまるごと引用したものがあって、今日なら盗作だの剽窃だのうるさいところであるが、その本を所有していた人が、何の本を持っているのかと尋ねられたとき、「クリュシッポスのメデイアだよ」と答えたとされる。

　クリュシッポスの死についても紹介しておきたい。これは非業の死と言うよりも、むしろ滑稽死とでも言うべきものかもしれない。その例として決まって挙げられるのが悲劇作家アイスキュロスの死と、クリュシッポスの死である。アイスキュロスの場合については、夏目漱石の『吾輩は猫である』（八）に紹介されているからご存じの向きもあるであろうが、金柑《きんかん》のごとく頭が禿げていたアイスキュロスは、ある日、例によって禿げた頭を太陽に照らして歩いていると、頭上を一羽の鷲が爪に亀をつかんだまま飛んでいる。鷲にしてみれば、硬い甲羅を持った亀をどうやって食おうかと思案しているうちに、遥か下に光るものが見える。それで鷲はしめたと思い、持てあまし気味の亀をあの光ったものの上に落として甲羅を割れば、簡単に中身を頂戴できると考えた。それで、躊躇することなく亀を頭の上に落としたが、もとより頭のほうが亀よりも柔らかいから、哀れアイスキュロスは無惨な最期を遂げた、という話である。対して、クリュシッポスのほうは、ドイツ語で言うラッハトート（Lachtod）の一例で、文字通り笑いながら死んだ。死ぬ当人は苦しいに違いないが、これをみている周囲の人には悲惨というよりも滑稽にみえる。哲学者が七〇歳を過ぎたある時に、彼の所有しているイチジクをロバが食べていたのを見て、老婆に言いつけてイチジクを飲み下すようにロバに生《き》の葡萄酒をあたえさせた。葡萄酒をあたえたのはロバが苦しんでいたためかどうかよくわからないが、いずれにしてもよほどおかしかったのか、老哲学者は笑いすぎて落命したと伝えられている（DL VII

185)。実は同じような例が別にもあって、時代はさらに遡るが、イタリア南端のちょうど土踏まず辺りの地形に位置しているヘラクレイアという町の出身で、陰影画法《スキアーグラピアー》の画法に優れ、数々の傑作を物したゼウクシス（前四三〇頃〜三九〇頃）という画家がいて、この人物も笑いすぎて命を落としている。ゼウクシスは老婆の絵を描いたのだが、これがあまりに滑稽なのがおかしくて、笑い死にしたとのことである。ゼウクシスのことは別として、ストアの学徒は晩年に自分の意志で死を選ぶということが多かったから、クリュシッポスの例はその中にあって異彩を放っている。

クリュシッポスの哲学的な功績は多方面にわたるが、特に論理学における功績が多かった。ここでゼノン—クレアンテス—クリュシッポスと引き継がれた初期ストア派の哲学思想について簡単にみておきたい。本書で語られるストア派の思想は、ローマに移入された後のものに関して中心的に語られるが、これらは初期ストア派思想から強い影響を受けているから、ここで概観しておくことはローマ時代の思想を理解するうえでも役に立つだろう。

三　初期ストア派の哲学

哲学の三部門——論理学

初期ストア派の哲学は、論理学、自然学、倫理学の三部門からなる。学問の体系を一個の果樹園に見立てると、論理学は外側を囲む柵《さく》に、自然学はその土壌、および樹木に、そして倫理学は果樹に喩《たと》えられる（DL VII 40）。ほかにもいろいろに喩えられるが、三部門が有機的に連関し全体を形成すると考える点では同じであり、その意味ではローマ時代のストア派が倫理学、すなわち人間の生き方に論議を集中させるのと対照的である。

キュニコス派は論理学を無用な学問とみているが（DL VI 103）、ゼノンがメガラ派のスティルポンから学んだのはこの論理学であり、言語理論である。ゼノンがこの面でどれほどの貢献をしたのかはわかっていないが、『語法について』『論駁《ろんばく》』などの著作が残っている。後年、エピクテトスはゼノンを直接に引用しながら、哲学の主題となるのは外套《がいとう》（ギリシア語でトリボーンと言って、すり切れた服で哲学者が着ていた）のような見かけだけのものではなく、むしろ論理であるとし、哲学の目的は外套を身に着けることではなく、正しい論理をそなえることだ、と述べている（『語録』IV 8, 12）。論理学というとアリストテレスのいわゆる形式論理学がよく知られているが、ストア派の論理学はいわゆる命題論理学であって、現代の論理学者の間での評価は高いと言える。その論理学は巧みに語ることを目的とした「弁論術」と、正しい議論の方法を教える「問答法」に分かれる。さらには、真偽の規準を明らかにする「規準論」（今日の認識論に相当するもの）なども含まれている。

問答法は弁証術と訳す人もいるが、元のギリシア語はディアレクティケーという。これは言うまでもなくソクラテスが用いた議論の方法を指している。ソクラテスはあるひとつの概念を取り上げて、相手にそれはそもそも何であるかを尋ねる。もちろん相手は知っているつもりで、「それはこれこれのことだ」と答えるのだが、ソクラテスはそれをさらに突き詰めていく。そのうちに相手は応答に困り、行き詰まってしまう。この行き詰まりをギリシア語でアポリアーという。そのようにして相手は自分の無知を自覚させられるわけであるが、ソクラテスの問答法は相手を困惑させることが目的であるわけではない。むしろ、産みの苦しみの中にいる相手から真理を取り出してやるためである。ソクラテスは自分の母親が産婆であったことから、自分の問答法の技術を産婆のそれに喩えている。このように相手との対話の中で真理を生み出すのがソクラテスの問答法であった。一方、ストア派は問答法を「真と偽と、真でも偽でもないものを見分ける知識」（DL VII 42）と定義する。その際に重要な役割をするのが「意味するもの（セーマイノン）」と「意味されるもの（セーマイノメノン）」の区別である。例えば、前にある一個のリンゴを見て、「リンゴ」という音を発する。このリンゴという音は物的なものであるが、それによって意味されるもの、つまり丸くて、色のある表皮があって、中身は果実で、中央には芯がある……ということは私たちの頭にあるから、これは物的なものではない。後者は意味内容とでも言うべきものである。そして、後者にだけ真と偽がある。その意味内容をストア派の人びとは「レクトン」とも呼んでいる。文字通りには、「語られうるもの」という意味である。そして、「リンゴ」そのもの（名辞）には真も偽もないが、「リンゴとはこれこれのものである」と言うときに、正しく言い表されていれば真で、そうでなければ偽であるから、そのレクトンには真偽があることになる。これがいわゆる命題である。ストア派はそのような命題をいろいろな種類に分類している。それらについてはここで詳しく説明する必要はないので、割愛することにする。

次に、規準論について説明しよう。ストア派の認識論である。これも厳密に語れば面倒な話になるが、この認識論は後出のエピクテトスの哲学において重要な意味を持ってくるので、少しく我慢をお願いする。例えば、砂漠をラクダで縦断していたとしよう。喉《のど》の渇きを感じていたときに、向こうに水が見える。これをもう少し正確に言えば、以下のようになる。向こうにあるものが目に伝えられる。これが感覚とか知覚とか言われるものであるが、感覚器官はその映像を心に、ちょうどハンコを押すように刻印する。これがパンタシアーである。phantasiā は京都でギリシア語を習った人はパンタシアー、東京で習った人はファンタシアーと言うことが多いが、それはどうでもよい話である。普通は「表象《ひょうしょう》」と訳されるが、本書では「心像《しんぞう》」という訳で以下を通すことにしたい。要するに、心に書き込まれた像のことである。心はその像について、「ああ、水だ水だ」と判断を下すであろう。自分の知っている水と同定するわけであるが、ストア派はこれを把握（カタレープシス）と呼ぶ。あるいは、もう少しむずかしい表現で、「把握されうる心像に対する同意（カタレープティケース・パンタシアース・シュンカタテシス）」と言ったりする。もちろん、正しい、つまり事実に即した把握もあるが、事実と異なる把握もある。水だと思って近づいてみると、「なんだ、水じゃないじゃないか」と気づいたりする。ストア派はもちろん蜃気楼《しんきろう》の例など持ち出したりはしないが、わかりやすくするためにこういう例で説明しておく。蜃気楼で現れる心像を水とするのは事実と異なった把握であるが、事実に即した把握として論理によって確定すれば、それが知識となる。ゼノンはこれを身振りで説明したと言われている。これはキケロが伝えているもので、原文はラテン語で書かれている。

　ゼノンは身振りで説明していた。指を開いて手を差し出して、「心像とはこのようなものだ」と言い、次に指を少し折り曲げて、「同意とはこのようなものだ」と言い、さらに指をしっかり閉じてゲンコツを作って、「把握とはこれだ」と言った。このような喩えによって、これまでなかったカタレープシスという呼び名をそのものにあたえることになった。それから、左手を右手にぐっと近づけ、しっかりと強く握りしめて言った。「このようなものが知であって、賢者の他には手に入れることができないものなんだよ」。
（『アカデミカ前書』II 144）

このようにしっかりとした認識を持った人間を、ストア派は「賢者」と呼んでいる。知者とか訳されたりすることもあるが、ここでは賢者という訳語を用いることにする。この賢者が理想的な人間となるわけであるが、その点はストア派の倫理学においてより明らかになる。

哲学の三部門──自然学

次に、自然学である。自然学を英語で言うと physics になる。physics というと今日では物理学の意味になるが、ここではもともとのギリシア語に遡って考える必要がある。physics にあたるギリシア語はピュシカ（physika）であるが、これは自然にあたるピュシス（physis）に関する学問の意味である。もう少し正確に説明すると、ピュシスからピュシコス（自然の）という形容詞が作られ、「自然に関することがら」と中性名詞化した複数形がピュシカである。英語の physics の語末に s がついているのは、ギリシア語の複数形の名残なんだと、恩師の藤澤令夫《のりお》から学んだが、本当かどうかはいまだに知らない。それはともかく、自然学と訳されるピュシカは、今日の自然科学とは違って、宇宙やその生成過程だけでなく、摂理、運命、自由意志のような問題までも含んでいる。摂理と言うからには、この宇宙、自然は神の意志によって支配されているということになる。もう一度、キケロを引用すると、『神々の本性について』第二巻の冒頭には、次のような言葉がある。

> 神々に関する問題は、われわれ［ストア派］によれば以下の四つの部分に分かれる。すなわち、まず神々が存在すること、次に神々とはどのようなものであるか、さらに宇宙が神々によって統御されていること、最後に人間に関する出来事を神々が配慮していることを示すのである。（『神々の本性について』II 1, 3）

今時の哲学者は、神の存在など問題にはしないが、古代から近世まで神は哲学の重要な問題であった。神の問題で頭を悩ました哲学者は多いが、その嚆矢《こうし》とも言うべきはプラトンであろう。もちろんそれ以前にも神について言及した哲学者はいくらでもいるが、体系的に論じた哲学者はプラトンが最初である。晩年の著作の『法律』第一〇巻において、無神論を反駁《はんばく》するかたちで彼の神論が登場する。無神論と言っても、神々が存在しないという主張だけでなく、神々が存在しても私たち人間には無関心であるというような立場までも含まれている。それから、古代ギリシアや、キリスト教が国教となるまでのローマ世界では、信仰の対象になったのは唯一神ではなく神々であり、八百万《やおよろず》の神々を奉じるわが国の神道と同様に、多神教の世界であることを留意しておく必要がある。ギリシアの神々はゼウスを中心とするいわゆるオリンポスの神々であるが、人びとは雷が鳴るとゼウスを予感し、航海のおりには海の神ポセイドンに祈り、死後は冥界においてハデスの裁きを受けると信じていたのである。その意味では古代ギリシアは自然宗教の世界であり、ローマの宗教も、ゼウスがユピテル（ジュピター）となり、ポセイドンがネプトゥルヌス（ネプチューン）、ハデスがプルートーになるが、名称が変わるだけのことで、ギリシアと変わるところはない。ただし、プラトンの『ティマイオス』という作品を読むと面白いのは、こうした神々が敬して遠ざけられているようにみえることである。オリンポスの神々の代わりに、宇宙・万有を創造した唯一神のデミウルゴス（創造主）が登場している。キリスト教の神学者たちは、プラトンが描いたデミウルゴスの創造は、キリスト教の厳密なる意味での創造行為（無からの創造）とは異なると、強調したがるのであるが、そういう面倒な問題はここでは措くとしても、一般人の信仰とは異なり、哲学者らの見解が唯一神への帰趨《きすう》を目指すような方向で展開されたことは注目されてよいだろう。この点は、少し古いが、ギルバート・マレーの『ギリシア宗教発展の四段階』（後に『ギリシア宗教発展の五段階』と修正された。岩波文庫所収）で丁寧に論じられている。

ところで、神々の存在を容認した場合にひとつ困った問題が生じる。神々が存在し、人間に関わる出来事をつねづね見守っているのであれば、なぜ悪が生じるのだろうか。とりわけ、人間は神によって創られたと考えるから（この点では、プラトンでもキリスト教でも同じである）、神が創った人間がなぜ悪をなすのかが疑問となる。この問題は、キリスト教の場合には、アダムとイブの楽園喪失の神話に始まって、アウグスティヌスなどの神学論争にまで展開されるが、プラトンの場合には、『国家』の兵士エルの神話に登場する神官の言葉「責めは選ぶ者にあり、神にはいかなる責めもない」（617E）にあるように、神によって創られた人間であってもその行為の責任はその人自身にあると考えられている。また、『ティマイオス』という作品では、人間が物体性（肉体）を有するところに過誤の生じる原因をみている。

こうしたいわゆる神学上の問題については、ストア派ではクリュシッポスが『摂理について』という作品で回答している。この作品も現存しないのだが、後二世紀のローマの文人アウルス・ゲッリウスが『アッティカの夜』という書物において、クリュシッポスの説明を記録している。まるで『千夜一夜物語』のような書名であるが、ラテン語で書かれたこの書は文学論、哲学論、語源論などを満載したもので、いたって衒学《げんがく》的な書物である。これによると、クリュシッポスは悪が生じる原因を人間の頭蓋骨を例にして、説明したという。「自然は数多くの偉大なるものを生み出し、きわめて適切で有用なものに仕上げたが、これらのもの自体と結びつく他の不都合なものが同時に生まれた」（『アッティカの夜』VII 1, 9)。これはクリュシッポスの言葉を直接に引用しているわけであるが、いわば「付随的な結果として」悪は生じたと言うのである。その例が頭蓋骨である。頭はその機能をはたすために非常に繊細で小さな骨からなるが、同時に、脆《もろ》さを伴うことになる。つまり、堅牢で鈍い頭よりは、繊細だが脆い頭を持つほうが善いと考えられたためである。この例は、プラトンが『ティマイオス』(75B—C)で用いたものであるが、プラトンでは繊細な頭蓋骨の構造を、頑丈だが鈍い頭を持って長命であるよりは、脆弱だが繊細な頭を持って短命であるほうが善いという話になっているが、クリュシッポスはこれを応用して、悪の原因の説明に使ったわけである。

クリュシッポスはこうした例を使って、悪の存在を説明し、神の摂理を擁護しているわけであるが、こうした議論に対する反論ももちろんあった。その例として、プルタルコスの『ストア派の自己矛盾について』(33—37)があるが、ここではこうした論争に関わることはしない。ただ、後の章のことがあるので、「摂理」について簡単に説明をしておこう。摂理と訳されたのはギリシア語のプロノイアであるが、先んじて(プロ)考える(ノイア)の語形が示すように先見、見通しのような意味であり、神について用いられると、摂理、神意という意味になる。ヘロドトス『歴史』(III 108)が古い例で、プラトンも先ほどの『ティマイオス』(44C)で使っている。この概念は後出のローマのストア派においても重要な意味を持って再び登場する。自然学には決定論の問題もあるが、これについてもローマのストア派のところで述べることにしたい。

哲学の三部門——倫理学

最後は倫理学である。人間の性格をギリシア語ではエートスという。倫理学はエートスの学の意味でエーティカと言う。英語の ethics はこのギリシア語に由来している。ストア派の倫理学は、シノペのディオゲネスが唱えた「自然にしたがって生きよ」という思想を踏襲している。これは逆に言えば、自然に逆らって生きることもできるということを意味している。自然界に存在するものはおしなべて自然の定めるところにしたがって生きている。しかし、人間はこれに抗《あらが》い、時にはそれを破壊するような行動も可能である。そうしたなかで、自然にしたがって生きるとはどのようなことか。これについては、ストア派は次のように考える。人間の心の中で、なにかが善いとか悪いとか判断する部分がある。そのような部分を私たちは理性と呼んでいる。この理性が正しく働いているのが最適の状態である。この状態のことを「徳」と呼んでいる。徳と言うと、道徳とか中国の孔孟思想とかを連想するかもしれないが、ここで言う徳はそのような意味ではない。徳はギリシア語でアレテーと言う。例えば、ホメロスが描いたような昔のトロイア戦争の時代には、男の強さがアレテーであった。英語の virtue は一般に徳と訳されているが、もともとはラテン語のウィルトゥス（virtus）に由来する語であって、この語の基になるウィル（vir）は男の意味である。つまり、男らしさは男の強さに求められた。しかし、時代が下って単なる武勇ではなく、優れた精神を持つことのほうが重要視されるようになる。プラトンのソクラテスが登場する「対話篇」を読むと、徳としては勇気よりも物事を正しく判断する知のほうが優先されているのがわかる。つまり、人間としての徳は相手を力ずくで打ち負かすよりも、正しい判断力に求められるようになるわけである。そして、ストア派は自然にしたがって生きることは、徳にしたがって生きることだと考えた。この意味では、キュニコスの哲人たちが社会の現行の制度や慣習を否定することを自然にしたがって生きると考えたのとはだいぶ違うことになる。

そうすると、ストア派によれば、正しく理性を働かせておこなった行為が徳のある行為で、そうでない行為は悪徳だということになる。逆に言えば、私たちは長命であること、健康であること、美しいこと、豊かな財産を所有していること、多くの人に評価されて名声・名誉を得ること、他の人たちがひれ伏すような権力を持っていることは、徳でも悪徳でもないことになる。こうした思想は、プラトンの『エウテュデモス』という作品においてソクラテスが展開している議論とよく似ているので、その意味ではストア派の徳に関する考え方はキュニコスではなく、むしろソクラテスの影響を受けていると言うことができる。長命・健康・美貌・財産・名声はそれ自体として考えた場合に、善でも悪でもないのである。そうしたものは外部的な条件にすぎず、それらをどのように用いるか、そしてそのためには理性を正しく働かせることが肝要である。私たちはこれと同様の議論を後出の章でももう一度みることになる。

ストア派によれば、正しく理性を働かせて徳を持った状態、この状態こそが「幸福」な状態であることになる。そのためには、善を悪と見誤ってはならない。こうした過誤を引き起こし、知性の力を弱めるのは人の心に生じるさまざまな「情念」である。情念とは、恐怖、欲望、快楽、苦痛などの感情を指している。例えば、病気を例にとって考えてみよう。病気は辛いものであるが、ストア派によれば、健康がそれ自体として善ではないように、病気もそれ自体としては悪ではないことになる。健康も病気も身体が置かれた状態だからである。そして、その病気に対して人間がどのような態度をとるかというところで善悪が分かれてくる。恐怖や苦痛にさいなまれるような状態をどのようにして克服するかが問題となる。そうした情念が克服された状態をストア派は「アパテイア」と呼んでいる。アパテイアについては先の章でも触れたが、一般には無情念と訳されることが多い。実際、ギリシア語の文字通りの意味は、情念がないことだからである。しかし、よく考えれば情念のない状態など、死なないかぎり得られるものではない。むしろ、ストア派が言っているアパテイアは、さまざまな情念に影響されないこと、動かされないことである。禅の坊主が言うような不動心が、ストア派のアパテイアに近いと言ってよいであろう。ただ違うのは、禅の場合には知を働かすというようなことは悟りの妨げとなると考えるが、ストア派の場合には十全に知を働かせることによって可能となるとするところである。そうした状態の人間をストア派は賢者とか知者とか呼んだわけである。

しかしよく考えてみれば、人間はいつもそのように理性をうまく働かせることができるわけではない。むしろ、事の選択において間違えるのが人間であり、人間らしさとは、このような完璧な理性の所持者のことよりは、人生において杖をついたり転んだりして過誤を繰り返すことのようにみえる。いけないとわかっていても、ついそれに手を出すのが人間であろう。ところが、ストア派は、特に初期のストア派はつねに正しく理性を働かせる「賢者・知者」のみが幸福だと考える。

> 極致とはこのようなこと、すなわち自然に合致して調和して生きることであるから、そこから必然的に、すべての賢者はつねに幸福であり、完全に幸せに生きること、つまりなににも邪魔されず、なににも制約されず、なににも欠くことなく生きることになるのだ。（『善と悪の究極について』III 26）

というキケロの言葉はストア派の理想をよく表している。とすれば、この幸福の哲学は賢者だけのものだということになる。初期ストア派の哲学はこのように賢者だけに許されたもののようにみえる。この点では後期ストア派の哲学と大きく違っていると言うことができるだろう。これについては後述する。

ストア派の倫理学で次に重要なのは、オイケイオーシス（親密性）の理論である。それについて以下に述べよう。これまでの議論と違っていささか難解な話になるが、少しご容赦を願いたい。

オイケイオーシス論

キケロの『善と悪の究極について』の第三巻、第四巻は、キケロが別荘地のトゥスクルムに滞在していたおりに、マルクス・ポルキウス・カトー・ウティケンシス、すなわち小カトーに出会い、彼からストア派の倫理学の要諦を聞くという設定になっている。

> 動物は生まれるとすぐに自分自身と親密になり、自分自身を維持し、自分と自分のあり方を維持するものに愛着を持つようになるが、他方、自分の破滅や破滅をもたらすと思われるものを忌避するようになる。ストア派はこのことを次のように説明している。すなわち、子供は快苦が生じる前から健康なものを欲求し、反対のものを嫌うが、これはそれ自身のあり方を愛し、破滅を恐れるのでなければ不可能である。しかし、なにかを欲求することは、自分について意識し自分を愛するのでなければ不可能である。したがって、自分を愛すること［自己愛］に出発点があると考えねばならない。
>
> （『善と悪の究極について』III 16）

およそ動物は自分を維持してくれるものと親密になり、破滅をもたらすものを忌避するというこの思想は、初期ストア派の倫理学を語る場合に必ず取り上げられるものである。これを最初に述べた人として、ポルピュリオス（『肉食の禁忌について』III 19）はゼノンの名前を、プルタルコス（『ストア派の自己矛盾について』1038B）はクリュシッポスの名前を挙げているが、初期ストア派の倫理学思想でこの親密性の理論が重要であったことは、ディオゲネス・ラエルティオスがストア派の学説を紹介するにあたって、まずこの理論から始めていることからもわかる。

> 動物が最初に持つ「衝動」は、自分自身を保存することへと向かう。なぜなら、クリュシッポスが『目的について』第一巻で述べているように、自然は、動物がその誕生の始めから自分自身と親密なものになるようにするからである。彼はこう言っている。あらゆる動物にとって、第一の親密なものは自分自身を構成するものとそれに対する意識である。というのは、自然が動物を自分自身と疎遠なものにしたということはありそうなことではないし、動物を創っておいて、疎遠にも親密にもしないということもありそうなことではないからである。したがって、残るところは自然が動物を形作ったときに、動物を自分自身と親密なものにしたということである。（DL VII 85）

自然は動物が自分自身と親密であるように創ったから、動物はまずは自己保存への衝動を持ち、それゆえ自分を保存してくれるものに向かい、破滅するものを忌避するような生まれもった傾向性を有する。ここで「衝動」と訳されたのはギリシア語のホルメーであるが、文字通りにはなにかに向かって突進することを意味している。この場合に、そのなにかとは自分自身を保存してくれるものであるが、これは自分自身と「親密な（オイケイオン）」関係にある。このような親密性、親和性（オイケイオーシス）というところからストア派の倫理学が築かれる。生まれて間もない動物は、その衝動――今日の言葉で言えば本能となる――にしたがって、自己を保存するもの（例えば、栄養物など）と親密になり、それがそのまま自然にしたがった生き方になるが、次第に人間は理性を働かせることを覚えるようになる。このことをプルタルコスとほぼ同時代人のストア派のヒエロクレスという哲学者が、『倫理学綱要』（現存）という作品の中で同心円に喩えている。すなわち、人間は同じ中心を持ついくつかの円の中にいて、最初には身体的な需要を満たすべきものが周囲にあり、第二番目には両親、兄弟、妻、子供がいて、第三番目にはおじ、おば、祖父母、甥や姪が、第四番目の円には親類の者がいる。さらに次の円には同区民、同部族民、同市民、さらに隣国の人びとが、そして、最後の円には残りのすべての人間がいる。そして、こうした円が順次に認識されていくと、それぞれの円が中心に向けて引っ張られ、円の中にいる人たちも引っ張られていく。このようにして親密性の輪が広げられていくわけである。このヒエロクレスの説明が初期ストア派の思想を表すものであるか否かについてははっきりしないのであるが、ストア派のオイケイオーシスの議論についてわかりやすいイメージをあたえてくれる。

このようにオイケイオーシスにはいくつかの段階がみられるわけであるが、キケロはこれを五つの行程に分けている。すなわち、一、生まれたばかりで自己保存をしようとする段階、二、自然にかなったものに向かい、そうでないものを忌避する段階、三、自然にかなったものを意識的に選択する段階、四、選択を習慣的におこなう段階、そして、最後に五、完全に自然にかなった生を生きることができる段階である（『善と悪の究極について』III 20）。ストア派が理想とする賢者の生き方は五番目のものであり、人生の最終到着地点であることになる。

このストア派のオイケイオーシス論の特徴は「自己愛」にある。今の言葉で言えば、「自己保存」の法則ということになる。生きものであるかぎり、自己保存を求めることは当然のことであり、本能に基づいて自己を守ろうとするわけであるが、高次の倫理学的な行為においては「自己中心的（エゴセントリック）」ということにもなる。これについて、A・A・ロングという学者が、面白い例を挙げている（『ヘレニズム哲学』京都大学学術出版会、二九九—三〇〇頁）。火事が起こって、子供が焼死する危険にさらされているとする。その時にストアの学徒が子供を救出したとしても、それは子供のためではない。むしろ、子供を救出することが自分にとっては善き行為だからである。それゆえ、かりにその子供が焼死したとしても、自分はその子供を救うために最善の努力をしたのであるから、少しも悔やむ必要はないことになる。

自己中心的という意味を表す英語は、エゴセントリシティ（egocentricity）とかエゴイズム（egoism）とか言うが、これと対極の意味を持つ語がアルトゥルイズム（altruism）である。これは利他性ということを表している。人間がひとつの社会において生存していくためには、自分のためではなく他者のために働くことが必要な場合がある。そして、時には自己の主張や欲求を抑えねばならないことも出てくる。このように、ある共同体の中で他人と共生するためには、ある程度の自己犠牲も強いられるわけである。こうした思考は、初期のストア派の哲学者にはみられないものであった。ところが、先に引用したキケロの書物をもう少し先まで読んでみると、次のようなことが書かれている。

> 自然の力は、動物においてさえはっきりと見てとることができる。動物たちが仔を産み、育てる苦労をみると、私たちは自然そのものの声を聞いているような気がする。私たちが苦痛を忌避するのが当然であるように、私たちが産んだものを愛するのも自然そのものの働きによることは明らかである。このことから、「人間と人間との間の相互の親密性も自然なものであり、したがって人間は人間であるというま

テオプラストス（前371頃～287頃）アルバニ・コレクション（胸像に彫られたギリシア語は後代のもの）

さにそのことのゆえに人間から疎遠なものとみなされてはならないことになる」。（『善と悪の究極について』III 62—63）

ここでは子が親に愛されることが自然なことであり、このことが出発点となって人間が人間であるという点においてお互いに親密性を持つと言われている。子に対する親の愛と人間同士の共生とをつなぐものは何であるのか。これをキケロは『義務について』においてこう説明している。すべての動物に共通するのは、生殖の欲求と生まれてきたものに対する愛着である。他の動物は現に感覚されているものを現在において把握するだけであるのだが、人間は理性によって過去と未来を見極める力を持っている。その理性の働きによって、自然は人間を人間と親密にさせ、生まれたものに対する愛とともに、他人と交わろうとする気持ちを起こさせることになる（『義務について』I 11—12）。ここにみられるのは、人間相互の親密な関係を強調し、「人類の共同社会」（communis humani generis societas）を目指すのだという主張である。

この親密性の理論、すなわちオイケイオーシス論は初期ストア派の哲学者たちが唱えたものとは性格を異にしていると言えるだろう。先のオイケイオーシスはいわば内向的で、自己に向かっていくのに対して、こちらのオイケイオーシスは外向的であり、他者に向かっていくのである。それでは、後者のようなオイケイオーシス論は、初期ストア派のものでないとすれば、どこから来たのであろうか。哲学の学派には、アリストテレスがアテナイのリュケイオンという土地に創建した哲学学校を受け継ぐ人びとがいる。彼らは、アリストテレスが散歩しながら（ペリパテイン）哲学を講じたところから、ペリパトス派と呼ばれている。わが国では昔は逍遥《しょうよう》学派とも呼ばれた。アリストテレスの弟子で、このペリパトス派に属した人にテオプラストスがいる。テオプラストス自身の作品は現存しないのであるが、後代の哲学者であるポルピュリオスが『肉食の禁忌について』（III 25）やストバイオスの『精華集』（II 7）が伝えるところでは、彼は人間には生まれつき人間愛・人類愛（ピラントローピアー）がそなわっていると主張し、その根拠を人間が他者に対して持つ親密性に置いているとされる。

キケロが『善と悪の究極について』で紹介している利他的なオイケイオーシス論は、むしろこのペリパトス派のものに似ているということができるだろう。そういうところから、昔の研究者たちは、ストア派のいわゆるオイケイオーシス論はストア派ではなくペリパトス派が起源であると主張したりしたのであるが、そのような詮索は文献学者たちに任せるとして、キケロの右の書物は中期ストア派のパナイティオスなどの影響の下に書かれたものであることに注意すべきである。パナイティオスの思想を次章においてみることになるが、初期ストア派ともペリパトス派とも異なる一面がそこには存在していたのである。

第三章　沸き立つローマの市民——ストア哲学の伝承

一　同時代の哲学者たち

エピクロスの園

話は戻るが、アレクサンドロス大王がバビロンで客死した前三二三年に、アテナイでは二人の男が新成人《エペーボイ》になっていた。新成人とは一八歳になった兵役適齢者のことであるが、彼らのうちひとりは哲学者エピクロスで、もうひとりは喜劇作家メナンドロスである。二人はともに前三四一年頃に生まれている。同時期に新成人であったというのはストラボン（『地誌』XIV 1, 18）にみえる記事であるが、彼らは二年間の兵役に就いた後、それぞれの道を歩んでいく。メナンドロスのほうは、ギリシア新喜劇において名を馳せ、「メナンドロスと人生よ、お前たちはどちらが相手を真似たのか」というヘレニズム時代の文献学者（ビザンティンのアリストパネス）の言葉が残っているように、その劇作品から人生にまつわる数々の名句が生まれた。メナンドロス自身の作品はほとんど散佚してしまったのだが、後世の人たちの引用によって「人を説得するのは、話す人の性格であって言葉ではない」、「人の苦しみを癒すのは言葉である」、「神々の愛《め》でし人は夭逝《ようせい》する」などの名言が今日に伝えられている。

一方のエピクロスのほうは、その後しばらくの間の消息は不明であるが、アテナイに戻って来て、前三〇七／三〇六年に哲学学校を開くことになる。彼の思想の系譜はデモクリトスにまで遡るのであるが、デモクリトスの弟子のナウシパネスという哲学者から原子論的な世界観を引き継いだ。後年、ローマの詩人のルクレティウスがエピクロスの原子論を詩の形式で表現した『事物の本性について』が今日にも伝えられている。エピクロスはアテナイの有名な外港であるペイライエウスとアテナイ市街との間に庭園《ケーポス》を買って、そこに哲学の学園を作り、仲間たちと共同生活を送っている。当時は厳密な意味での市民は自由民と呼ばれた人たちだけを指したが、エピクロスは奴隷の身分の者にも参加を許し、当時としては珍しく女性が入園することもできた。これが後世において「エピクロスの園」と呼ばれた学園であった。エピクロスはこの哲学学校において著作にあけくれ、三〇〇巻ほどの作品を遺したが、残念ながらディオゲネス・ラエルティオスの『ギリシア哲学者列伝』が保存している三通の書簡などを除きすべて散佚した。

エピクロスは公の場で有名になるよりも、私的な交際を好んだと言われている。その彼の有名な言葉が、「ラテ・ビオーサース」（プルタルコス『「隠れて生きよ」について』1128A）である。文字通りには「人に気づかれずに生きよ」の意味であるが、一般には「隠れて生きよ」と訳される。地位や名声を得ることは快いが、しかし同時に不安にさいなまれることにもなるだろう。だとすれば、そうしたものを追い求めるのではなく、むしろ遠ざけることによって心の安らぎを得るのがよいということになる。さらに、神に対して恐怖を抱いたり、死を恐れたりするのも無用なことだと言っている。死への恐怖を無用のことだとする議論は、彼の書簡の中に見出される。「メノイケウス宛ての書簡」であるが、その中に死の恐怖について述べた次の有名なくだりがある。

死はわれわれにとってなにものでもない。われわれが存在するときには、死はわれわれのところにはないし、死がわれわれのところにあるときには、われわれは存在しないからである。（DL X 125）

一般にはエピクロスは「快楽主義」の哲学者として知られる。死についてくよくよ煩わしく考えるよりも、今の生を楽しく生きよという教えである。カルペ・ディエム（Carpe diem）という、西洋人ならたいてい知っている言葉がある。「今日の果実を摘み取れ」というのが直訳に近いが、「今日を楽しめ」という意味で用いられている。出典はローマの詩人ホラティウスの『歌集』という作品で、「こうして喋っている間にも、時が容赦なく過ぎてゆくだろう。明日のことには微塵にも信を置くことなく、今日を楽しめ」（『歌集』I 11）とある。過去のことをくよくよ考えても始まらない。明日のことはわかろうはずがない。とすれば、今を楽しく生きようじゃないか。このような考えは、ギリシアの抒情詩人たちの歌にも出てくる。「俺には今日が大事だ。明日のことなど誰が知ろうか」（『アナクレオン風歌集』8）もそのひとつである。

エピクロス（前341頃～270頃）バチカン美術館蔵

しかし、こうした考えにはある種の現実主義が根底にある。ソクラテスの弟子のひとりに哲学者のアリスティッポス（前四三五頃〜三五〇頃）がいるが、この人物の言葉に「現在だけがわれわれのものであり、過去も未来もわれわれのものではない。前者は滅びたものであり、後者はそうなるかどうかは不明であるから」（アイリアノス『ギリシア奇談集』XIV 6）というのがある。アリスティッポスも快楽主義者として知られたが、快楽主義が基づくのはこのような現実観である。このように考えると、死を恐れるというのも無用なこととなる。エピクロスには「善いことも悪いこともすべて感覚の内にあるものだが、死はその感覚の欠如なのである」（DL X 124）という言葉もある。

もっとも、実際のところエピクロスの思想は右のような言葉から連想されるような享楽主義とはほど遠いものであった。彼は臨終の際に排尿困難などの病魔に冒されていたが、弟子に宛てた書簡では「わが人生において幸福な最後の日々を過ごしつつ、君たちに書き記す」（DL X 22）として、友と過ごした過去を回顧しつつ、死を前にしたひと時を精神の喜びに満ちた幸福な日々だと述べている。快楽主義の秘訣は実はここにある。「わずかなことに満足できない者はなににも満足することはない」（アイリアノス『ギリシア奇談集』IV 13）とか、あるいは、どうしたら富者になれるのかと訊かれて、「持っているものを増やすのではなく、必要なものを多く削ることだ（代わりにエピクロスの門人の名を入れて、「ピュトクレスを富者にしたければ、彼の財産を増やすのではなく、必要なものを多く削ることだ」と読む校訂本もある）」（ストバイオス『精華集』III 17）と答えたというような記事を読むと、まるで禅者の悟りを連想させるような無欲の境地のようにみえる。これを徹底させるのはある種の達観であって、普通の人間にはなかなか到達するのは困難である。楽しい時には笑っても、いつでも笑みを浮かべて生きるのは辛い話である。むしろ、悲しい時には涙を流すのが自然であろう。このように快楽主義には、狂気に近いとも言える。の言葉から来るイメージからほど遠く、強い意志が求められるのである。

このエピクロスの思想は、後にローマに移入され、ローマ市民の富裕層に浸透することになる。その際に、大きな役割を果たしたのが哲学者のピロデモス（前一一一頃〜三七頃）である。この人はシユリア（シリア）のガダラという町の出身であるが、当時、ローマと黒海南岸のポントス王国との間に起こっていた第三次ミトリダテス戦争（前七五〜六三年）の難を避け、ローマに移住し、ルキウス・ピソ・カエソリヌスの庇護を受ける。ローマ市民にエピクロスの思想を普及した人物として知られ、右に紹介したホラティウスも普及に貢献したひとりであった。

それからずっと後の話なのであるが、後七九年八月二四日の午前、ナポリ湾東部のヴェスヴィオ火山は大噴火をなし、周辺諸都市を火山灰で埋め尽くす。この爆発で、ナポリを除く周辺都市はほぼ壊滅状態に陥り、このうち特にポンペイがよく知られているが、崩壊した都市に近郊のヘルクラネウムもあった。ヘルクラネウムの町の所在は、一八世紀初頭に地下五〇〜六〇フィート（一五〜一八メートル）まで井戸を掘っていたなかで偶然明らかになったが、発掘調査が進むうちに、ピソが所有していた別荘（通称、パピルス荘 Villa de Papyri）からおよそ一八〇〇巻以上のパピルスが発見される。なかでも特筆すべきはピロデモスの書物の断片群である。その断片集を写真で眺めてみると、ばらばらになったパピルスの小片から、非常に骨の折れる作業によって、テキストが復元されている。とにかくこれによって私たちは当時生きていたひとりの教養人の蔵書をのぞき見ることができるのである。もっともローマの裕福な貴族が、快楽主義思想に耽《ふけ》っていたなどと想像してはならない。右に述べたように、彼らの思想が無抑制な快楽礼賛からいかに遠いかを知ることができるからである。

懐疑主義とアカデメイア派

懐疑という言葉がある。「これこれについては懐疑的である」とか言われたりする。懐疑にあたる英語は skepticism と言うが、この語に含まれるスケプシスという言葉はギリシア語であり、「考察」という意味で、もともとなにかを疑うというようなことは含意していなかった。それが懐疑の意味で使われるようになったのは、後二〜三世紀の医師、哲学者であるセクストス・エンペイリコスによるところが大きい。エンペイリコス（ラテン語ではエンピリクス）というのは厳密には名前ではなく、「経験主義者の」くらいの意味の渾名であるから、経験主義者のセクストスということになる。彼が著した『ピュロン主義哲学の概要』の冒頭を読むと、真理は発見できるかという問いに対して、発見できると考えるのはアリストテレスの学校のペリパトス派、エピクロス派、そしてストア派であり、発見できないと主張したのがアカデメイア派、探究を続けるのがスケプティコイだとある（『ピュロン主義哲学の概要』I 3）。かくして、スケプティコイは一般には懐疑主義者と訳されているけれども、探究する、考察するという行為を重視するのが彼らの立場だということになる。このような態度をとる者にはソクラテスもいたが、ソクラテスの場合には、無知の自覚（無知の知）によってさらに真理を探究することを目指したのに比べて、懐疑主義の場合には、真理の発見そのものはさほど重要なことではなく、なにかについて独断的に判断を下すことをやめて、そこに精神の安らぎ（これをギリシア語で、アタラクシアーと言うが、心を乱されないという意味である）を求めるところに特色があり、その辺りがいかにもヘレニズム時代以降の哲学らしいところである。簡単に言えば、なにごとも断定することなく、その判断を保留することである。この判断保留をエポケーと言う。このようにして判断を保留しておけば無駄に心を乱されることもないというのである。

誰が最初に懐疑主義を唱えたかというと、決まって出てくる名前がピュロン（前三六五／三六〇頃〜二七〇頃）とティモン（前三二五／三二〇頃〜二三五／二三〇頃）である。ティモンはピュロンの弟子であり（シェイクスピアが戯曲に仕立てた人間嫌いのティモンとは別人である）、師のピュロンのほうは、はじめは絵描きであったが、アナクサルコスという哲学者の弟子になり、師とともにアレクサンドロス大王の東方遠征に若くして加わり、インドの裸行僧とも交わった（DL IX 58, 61）。裸行僧のことをギリシア語でギュムノソピスタイと言ったが、裸の賢者の意味である。ピュロンとインド思想との影響関係は推測の域を出ないが、おそらくあったのではないかと思われる。彼自身は書物を残さなかったが、ディオゲネス・ラエルティオスはこんな話を伝えている。航海中に嵐に遭って、乗客が恐れおののいているなか、仔ブタが嵐の中でも一心不乱に餌を食べているのを指さして、賢者であればこのような不動心《アタラクシアー》を持たねばならないと言ったという（DL IX 68）。それから、ピュロンはホメロスの『イリアス』にある有名な一節をたえず口ずさんでいたともいう（DL IX 67）。それは、「人間の族など、木の葉のそれと変わるところがない。風が木の葉を地面に吹き散らすかと思えば、春の季節がめぐってくると、森が生い茂り、新たな木の葉の芽を吹く」（『イリアス』VI 145 以下）という有名なくだりである。この哲人が説く賢者の平常心の基にはこのような無常観があったのかもしれない。いずれにせよ、ピュロンの哲学は後にセクストス・エンペイリコスによって書物にまとめられた。

懐疑主義の立場を簡単に説明すると、セクストス・エンペイリコスの『ピュロン主義哲学の概要』（I 13, 32）にこんな例が挙がっている。同じ塔が遠くから見ると「円《まる》く」、近くからだと「四角」に見えたとする。この例はフランスの哲学者デカルトが『省察』において使っていることでもよく知られている。常識的には、遠くから見たときに「塔は円い」という知覚判断をおこなったが、その判断は近くでもう一度見ることで、「塔は四角い」というように訂正される。しかし、懐疑主義はそうは考えない。彼らによれば、遠くで見たときの「円い」も近くで見た「四角い」も、現れ（見え）という点では同等の力をもっている。それらが実際にそう見えているという点では同じなのである。こうした思考の起源は、ソクラテスと同時代人であったソフィストのプロタゴラスに遡ると言えよう。彼のものとしてよく知られる「万物の尺度は人間である、あるということについてはあるということの、あらぬということについてはあらぬということの」という言葉は、知的相対主義を唱えたものである。真理とされるものの基準は人間の、と言っても人間の総体ではなく、個々の人間のことであるが、その人間のその時々の判断によるわけである。

このように各人にとっての現れ（見え）という点では、それが円く現れようと、四角に現れようと同じ力をもつと言えるのであるが、そこからそのものの実際の形は知りえないのだ（不可知論）とするか、あるいは単に判断を保留するかで道が分かれてくる。デカルトは『方法序説』の中で、いわゆる方法的懐疑の論を展開しているが、自分の方法は古代の懐疑論者のものとは異なるものだと明言している。「私はかの懐疑論者たち、すなわち、ただ疑わんがために疑い、いつでも非決定の態度をよそおう人びとに倣《なら》ったわけではない」（『方法序説』3）と言う。デカルトの方法（méthode）は、古代ギリシア語で言うところのメトドス（methodos）であり、文字通りにはメタ・ホドス（met' hodos）すなわち探究の行程を意味する。つまりは、真理に到達するための方法としての懐疑であった。

そうすると、古代の懐疑論者たちは絶対的な真理を探究することのない人たちであったかというと、簡単には言えないだろう。懐疑論者のギリシア語であるスケプティコイは、先に述べたように「考察」を意味するスケプシスからなる言葉である。彼らはまたゼーテーティコイとも呼ばれた。これは探究する者の意味である。考察し探究するのはもちろん真理である。その意味では、懐疑主義は疑うために疑うというデカルトの批判は正しいとは言えないことになろう。不可知論については、昔からよく言われる反論がある。それはつまり、不可知論は自己論駁的、言い換えれば自己矛盾だというものである。「真理は知りえない」という主張は、そのように主張するためにはこれを真理として表明するのでなければならない。しかし、そのことは主張している内容と矛盾していることになる。けれども、懐疑主義が求めるのはこのような意味での不可知論ではなかった。セクストス・エンペイリコスが繰り返し述べている懐疑論の原則は、断定的な意見（ギリシア語のドグマ）を立てないことである。断定的な意見を立てると、不明確な事柄のどれかに承認をあたえてしまうことになるからである。

ピュロンは前二七〇年頃に没する。彼はソクラテスと同様になにも書いて遺さなかったが、弟子のティモンが彼の懐疑主義思想を後世に伝えた。このピュロン主義思想と並べられるのが、中期アカデメイア派の立場である。プラトンがアテナイに開いた学園アカデメイアは、その後懐疑的な傾向を有するようになる。キケロはプラトンの頃の学派を「古アカデミア派」と呼んで、後の時代のアカデミア派と区別している（『アカデミカ後書』I 43—46）。後の時代のアカデメイア派（キケロのラテン語ではアカデミア派）というのは、小アジアのアイトリア地方の町ピタネの出身のアルケシラオス（前三一六／三一五頃～二四一頃）から始まる学派であり、後出のカルネアデス（前二一四頃～一二九）にまで至るが、哲学史では通常アルケシラオスは中期アカデメイア派に、カルネアデスは新アカデメイア派に分類されている。

アルケシラオスは故郷のピタネにおいて数学や音楽理論を学んでいたが、アテナイにやって来て最初はペリパトス派に入り、テオプラストスの下で哲学を学んでいたが、当時はプラトンが創設したアカデメイアでポレモンが第四代の学頭になり、クラントルやクラテス（キュニコス派のクラテスや後出のストア派のクラテスとは別人）などの傑出した人材がメンバーになっていたので、アルケシラオスはペリパトス派の学校があったリュケイオンを去り、アカデメイアに移って研鑽《けんさん》を積んだ。テオプラストスは彼の才能を惜しみ、自分の学園を去っていったことを嘆いたと言われている（DL IV 30）。そのアルケシラオスは、師らの実践道徳についての教えを受け継ぎながらも、それに飽きたらず、徐々に懐疑的な傾向を強めていく。セクストス・エンペイリコスもアルケシラオスに始まる中期アカデメイア派の思想がピュロンらの懐疑論と似ていることを認めている（『ピュロン主義哲学の概要』I 232）。

こうしたアルケシラオスの懐疑論的な態度の背景にはソクラテスがいる。自分は善美なることについて知らないが、知らないということを知っているという、いわゆるソクラテスの無知の知を徹底させ、あるいはそれではまだ不十分であるとして、アルケシラオスは「われわれは自分が知らないということさえ知らないのだ」と言ったという。あるいは、「われわれはなにひとつ確実なことは知らないし、またそのことさえも知らないのだ」と言ったともいうが、ある人が「それでは生きることができないでしょう」と尋ねると、アルケシラオスは「生きることについては、ずっと以前から蓋然性でなんとかやっていくことを学んでいるよ」と答えたと言われている。このアルケシラオスに始まるアカデメイア派の懐疑主義的な傾向は、その後もさらに受け継がれ、北アフリカのキュレネという町の出身のカルネアデスがなかでも特によく知られている。彼が名を馳せるのは、他の学派の代表者とともにローマに赴いた時のことであった。

二　沸き立つローマの市民

ストア派のクラテス

前二世紀頃からギリシア世界に進出していたローマは、前三〇年にプトレマイオス朝を滅ぼすと、東地中海一帯からオリエントにかけての全域を完全に支配するに至る。その頃のローマではギリシアの文芸の移入が始まっていた。ここで重要なのがストア派のクラテスである。哲学では三人のクラテスがいて、前出のキュニコス派とアカデメイア派の二人と、以下に述べるストア派のクラテスである。小アジア南東部のキリキア地方のマッロス出身の哲学者で、同じく小アジアの主要都市であったペルガモンの王、エウメネス二世およびその弟のアッタロスの庇護を受け、王が設立したペルガモン図書館の図書館長になった。当時は、アレクサンドリア図書館と蔵書数を競い、エジプト王がペルガモンにパピルスを輸出するのを渋ったために、それに代わるものとして羊皮紙《パーチメント》（parchment）が開発されたと言われている。パーチメントはラテン語のペルガメーナ・カルタ（peragamena charta）すなわち「ペルガモンの紙」に由来する言葉である。クラテスはホメロスに始まる古典ギリシアの文学作品を整理し、注解を著したが、そこでもアレクサンドリア派の解釈に異を唱えたりしている。そのクラテスが前一六八年にエウメネスの大使として（あるいは、前一五九年のアッタロスの大使であったとも言われる）ローマに赴いた。たまたま足を骨折したために、長逗留を余儀なくされたのだが、そこでローマ市民を相手に文学の講義をおこなった。その講義が大きな反響を呼んで、市民がギリシアの文物に触れて文法を学んだり、文学批評をおこなったりするようになったと言われている。

カルネアデスの板

ローマの歴史においてカトーという名の人物が二人いる。マルクス・ポルキウス・カトー・ケンソリヌスはそのひとりであるが、同名の曽孫と区別するために、大カトーと通称される。カルタゴ相手の第二次ポエニ戦争（ハンニバル戦争）で頭角を現した共和制期の政治家であり、監察官《ケーンソル》に就任したことからケンソリヌスという名が最後につく。弁論に優れ、ローマ古来の遺風を重んじ、その峻厳な性格から市民に愛された人物である。前一五五年、この大カトーが晩年の七〇歳を過ぎた頃に、ギリシアのアテナイからの使節団がローマにやって来た。その顔ぶれは、ストア派のセレウケイアの（通常はバビロンの、と呼ばれる）ディオゲネス、ペリパトス派のクリトラオス、そしてアカデメイア派のキュレネのカルネアデスである。話を伝えるゲッリウス『アッティカの夜』（VI 14）やプルタルコス『マルクス・カトー伝』（22）によれば、ボイオティア（アッティカの北方にある地方名。中心都市はテバイ）の町オロポスを破壊した件で、ローマがアテナイに課した賠償金の免除を求める使節としてやって来たのであるが、その役目とは別に、三人は各々ローマの市民の前で哲学の講演をおこなったという。彼らはその弁舌によって民衆を魅了したが、とりわけ強烈な印象をあたえたのがカルネアデスであった。

ここでカルネアデスについて紹介しよう。カルネアデスは北アフリカの沿岸都市キュレネの出身である。キュレネにはかつてキュレネ派と呼ばれた快楽主義の学派があったが、彼はそのような遺風には染まることなく、若くしてアテナイに移住した。早くより哲学に関心を向け、右に挙げたストア派のディオゲネスの弟子になった。ディオゲネスはストア派の第三代学頭クリュシッポス、第四代学頭タルソスのゼノンの後を受けて、第五代学頭になった人物であるが、カルネアデスはこの人よりはむしろクリュシッポスに関心を向け、そのあらゆる著作を丹念に研究した。クリュシッポスは初期ストア派で最も重要な人物であり、「クリュシッポスなくしてストア派なし」と謳われたが、カルネアデスはその文句をもじって、「クリュシッポスなくしてカルネアデスなし」（DL IV 62）とよく言っていたという。しかし、やがてストア派の議論に飽き足らず、アカデメイア派に関心を向けるようになる。当時はアルケシラオスの懐疑主義が主流になっていたが、これをさらに徹底したのがカルネアデスであった。哲学に熱中するあまり髪の毛も爪も伸び放題にして、議論にあけくれた。非常に鋭い論客として知られ、なかなか打ち負かすことができなかったが、そのカルネアデスが人にやり込められたという話がある。カルネアデスはつね日頃大きな声で話すところがあったのだが、体育場であいかわらず大声で語っていると、管理人がそんなに大きな声を出すもんじゃないとたしなめた。カルネアデスはそれでは声の大きさを測るものをくれないかと言い返すと、管理人は測りなら聴衆がいるじゃないか、と言ったという（DL IV 63）。

左：大カトー（前234～149）トルロニア・コレクション、右：カルネアデス（前214/213～129/128）グリュプトテーク美術館蔵

　カルネアデスはローマの市民を相手にどんな話をしたのか。その議論を保存していたのはキケロであり、彼の著作の『国家について』第三巻において紹介されていたのであるが、生《あい》

憎《に》肝《く》心の部分が失われてしまっている。私たちがその内容を知ることができたのは、後三世紀後半のキリスト教作家のラクタンティウスが『神の教理（*Institutiones Divinae*）』というラテン語の書物において再録しているからである。その記録（V 14）によると、カルネアデスは民衆の前で「正義」を擁護する議論を全面的に展開したのであるが、その翌日には前日に正義を称賛したみずからの議論を覆し、これを否定する論証をおこなったという。これになによりも驚いたのは大カトーであった。巧妙な論理を操る哲学者らを苦々しく思っていた彼は、ローマの市民たちがみずからの行動や戦争から得た名声よりも、言論による名声を愛好するようになることを恐れ、元老院を説得して哲学者たちを町から追い出すように仕向けたと言われている。

もっとも、カルネアデスの議論の目的はローマ市民を煙に巻くことではなく、正義について確たる発言はできないとする当時のアカデメイア派の懐疑論的な立場を示すためのものであった。そして、そのために使われたのが、いわゆる「カルネアデスの板」である。これについてはラクタンティウスのほかにも、著者不明の「プラトン『テアイテトス』注解」（VI 20―31）も言及している。これによると、「カルネアデスの板」は以下のような議論であった。船が遭難したときに、二人の人間が海に投げ出された。そして、目の前には一枚の板がある。その時にこれにしがみついて自分を救うのは是か非かという問題である。他人を溺れさせるのは正義の行為ではない。しかし、自分が死ぬとわかっていて、もうひとりの人間に板を差し出すのは正義にかなってはいても、愚かな行動だと言える。では、人はどちらの行動をとるべきなのか。

この問題は現今の思想家でもよく取り上げるものであるので、ご存じの向きもあるだろう。しかし、この遭難者と板の問題に言及したのは、実はカルネアデスだけではなかったことは案外知られていない。中期ストア派の代表的な哲学者パナイティオスの弟子に、ロドスのヘカトン（前一〇〇頃）という人がいて、キケロがパナイティオスとともに影響を受けた人物なのであるが、ヘカトンはその著作『義務について』においてまったく同じ例に言及している。この作品は今では散佚してしまっているが、その第六巻はキケロによればこうした例を集めたものであったらしい。カルネアデスが挙げたような板の問題の他にも、船で何かを捨てねばならないとき、高価なウマを捨てるべきか、安価な奴隷を捨てるべきか、というような問いもある。これは自分の財産を取るか、人間性《フーマーニタース》を取るかの選択である。船の遭難者の例では、二人が賢者と愚者の場合、賢者と賢者の場合とに分けているところが面白い（キケロ『義務について』III 89）。カルネアデスは最初右のディオゲネスに学んだのであるが、その後アカデメイア派に転向している。その彼が取り上げた例はもともとストア派で論じられたものであった。そうした例を用いながら、ストア派の独断的な立場を攻撃したのである。ディオゲネスの師がクリュシッポスであったが、カルネアデスはクリュシッポスの著作を丹念に研究するなかでみずからの立場を構築していった。つまりは、相手が挙げた例を使って、その相手を攻撃したわけである。

著作集の成立

ギリシアの哲学が徐々にローマ市民の関心を集めていた頃に、ローマにおいてアリストテレスとプラトンの著作集が刊行される。今日にアリストテレスの著作と私たちが言っているのは、この時に刊行された著作集に遡る。それ以前にもアリストテレスの著作なるものは存在したが、それはいわゆる公刊された著作で、対話篇を多く含んでおり、キケロがその文体を絶賛したものであるが、今日には引用された断片の形式でしか残っていない。ここで言われるアリストテレスの著作とは、こうした公刊された著作ではなく、アリストテレスの講義録を指している。アリストテレスの講義録は、その弟子のテオプラストスが受け継ぎ、テオプラストス自身の著作とともにまとめて、その弟子のネレウスが引き取って、故郷のスケプシス（小アジアのトロイア地方の町）に持ち帰った。ネレウスは彼の後継者にその写本を遺したのだが、彼らは哲学の素人であったために封をしたままで十分な手入れをしなかった。そのうち、アッタロス王家の人びとがペルガモン図書館のために写本を探していると聞くと、これらを地下の穴蔵に隠した。そのうちに著作は湿気と紙魚《しみ》でいためつけられてしまった。その後、ところどころ傷んだこれらの写本をテオスのアペリコンに大金で売り払った。アペリコンというのはペリパトス派の哲学者であるが、哲学者と言うよりはむしろ愛書家で、虫に喰われた箇所を間違いだらけの補訂をして刊行したという。当時のペリパトス派はアリストテレスの学校でありながら、師らの著作が一部公開されたものしかなかったために、こうした誤植が生じたのである。アペリコンの死後、ルキウス・コルネリウス・スッラというローマの共和制末期の将軍が、アテナイを占領したときにアペリコンの文庫を押収して、ローマに持ち帰った。そして、文法学者のテュラニオンがこれを整理することとなった。

以上はストラボンの『地誌』（XIII 609）にみえる記事である。これに続く記事が、プルタルコスの『スッラ伝』（26）に出てくる。ペリパトス派でアリストテレスから数えて一一代目の学頭であったロドスのアンドロニコスが、テュラニオンが整理した写本を転写して、著作目録を作成したうえで、アリストテレスの著作を刊行したのだという。これは前四〇年頃から前二〇年頃にかけての話である。これによってアリストテレスの研究が進み、後にはペリパトス派や新プラトン派の学者たちが膨大な注解を遺すことになるが、今日私たちが持っているアリストテレス全集（Corpus Aristotelicum）とほぼ同じものだということがわかっている。

アテナイの古典期の哲学者の著作集刊行に貢献した人物には、もうひとりティベリウス・クラウディウス・トラシュルス（後五六年頃死去）がいる。この名前はローマの市民権を得てからのもので、もともとはエジプト出身のギリシア人で、生まれた都市からメンデスのトラシュロスと呼ばれる（あるいは、アレクサンドリアのトラシュロスとも呼ばれているが、正確なことはわからない）。ローマのティベリウス帝のために占星術をおこなった人で、よく当たると言われて重用されたが、そのトラシュロスが哲学者プラトンの編纂にも貢献していたことが、古代のいくつかの史料によってわかっている。悲劇作家が四つの作品でもって競演に参加したのに倣って、四部形式《テトラロギアー》にしてプラトンの作品を刊行した。その形式は今日でもプラトン全集の分類において踏襲されている。

このように古典の編集がおこなわれたわけであるが、こうして整理された写本を出版する版元がなければならない。いわゆる活版印刷が始まったのは西洋では一五世紀のグーテンベルクから後のことであるから、版木のようなものはもちろん存在しなかったわけで、本の製作はもっぱら転写によっておこなわれた。現在、プラトンの最優良写本は八九五年のクラーク写本であるが、その写本の末尾には写字職人のヨハンネスの名前が記されている。つまり、本の注文とは、依頼を受けた専門の職人が、古い写本を転写した複製を一巻作ることによっておこなわれたわけである。古代ローマ時代でも、そのような専門の写字職人たちがいて、それらを統括した出版社のようなものも存在した。トラシュロスの時代でよく知られていたのは、キケロの友人であったティトゥス・ポンポニウス・アッティクス（前一一〇頃〜三二）である。アッティクスは正確には名前ではなく、ギリシアへの滞在が長く、当地の人びととの親交があったためにアッティクス（アッティカ人）という渾名がついたのである。アッティクスは出版に限らず、当時の文学・芸術のパトロンの役目もしていたが、たくさんの写字職人をかかえており、正確な書写の技術で名声を博していた。このアッティクス版のプラトンの作品が当時存在していたことがわかっている。

このようにしてギリシアの哲人たちの書物がローマでも一般に読まれるようになった。すでに大国になっていたローマにおいて、哲学の愛好者たちが名にしおうプラトンやアリストテレスの作品を、ギリシア語ではあるが直接手にすることができたわけである。アリストテレスとプラトンの著作集の成立によって、当時のローマにおいて空前の哲学ブームが起こったことは想像にかたくない。

三　スキピオ・サークル

中期ストア派

時代はまた遡る。カルネアデスが同時代のストア派を攻撃したことはすでに述べた。カルネアデスの論鋒は鋭く、議論においては百戦錬磨であり対抗しうる者はなかった。後代の著作家のエウセビオスは、「カルネアデスの議論は、そのすべてにおいて勝利し、例外はなかった」(『福音の準備』XIV 8. 10)と記している。カルネアデスが議論の矛先を向けたひとりにストア哲学者で、タルソス出身のアンティパトロスがいる。クリュシッポスの弟子である点では、ディオゲネスと同じであるが、面と向かって反論することができなかったために、彼に対する反駁を満載した書物を著した。そのために「カラモボアス」という渾名をつけられた。「筆で吼《ほ》える人」の意味である(プルタルコス『饒舌《じょうぜつ》について』514D）。アンティパトロスは高齢になって、他の人を煩わせるのを嫌い、毒を飲んで死んだ。それを聞いたカルネアデスは、すでに老齢に達していたが、二つの杯を持ってこさせ、ひとつには毒ニンジンの汁を、もうひとつには蜂蜜で割った葡萄酒を入れさせた。そして、毒ニンジンの入った杯をストア派に捧げ、自分は葡萄酒のほうを飲み干したと言われる。これはストバイオスが残している記事である（『精華集』IV 119）。

アンティパトロスの弟子がパナイティオスであるが、この人からは中期ストア派と呼ばれるようになる。当時のストア派にとっての急務は、いかにしてカルネアデスの反論から自派の学説を守るかにあった。そのために初期ストア派の教義に修正を加えることにもなった。こうした改変はすでにアンティパトロスに始まっているが、パナイティオスにあっては、初期ストア派の主要教説のいくつかが排除された。そのひとつに占いがある。ストア派が神の摂理の存在を信じたことはすでに述べられた。運命は存在しているものの因果が系列をなしていることを前提とし、そうした系列を導く理法があって、神の意志によって導かれているという意味においてそれは摂理と呼ばれる。その摂理の予兆がなんらかの自然現象によって示されるとすれば、その現象でもって神の意志を推し量ることができるはずである。それがいわゆる占いとなる（DL VII 149）。キケロは、パナイティオスがストア派で唯一この占いの実効性を否定した、と述べている（『卜占《ぼくせん》について』I 6;『アカデミカ前書』II 107）。

パナイティオス（前185頃～109頃）『ニュルンベルク年代記』［15世紀］の挿絵

パナイティオスの著作は、初期のストア派の著作と同様にすべて失われて現存していない。したがって、その哲学の全容を正確に把握することはきわめて困難である。例えば、パナイティオスの重要な著作に『義務について』（*Peri kathēkonta*）があった。その内容はキケロのラテン語の著作『義務について』（*De Officiis*）によって知られるのであるが、どこまでがパナイティオスの思想で、どこからがキケロの見解かを見分けねばならないという厄介な仕事を伴うことになる。いずれにしても、彼の思想は初期ストア派の根幹を引き継ぎながらも、さまざまなところで修正を施し、むしろプラトンやアリストテレスの思想に近いところがある、ということがわかっている。そして、パナイティオスの弟子がポセイドニオスである。ポセイドニオスの関心は多彩で、多方面に及んでいる。私たちがよく知っているのは地球の周囲の測定である。すでに、前三世紀のエラトステネス（前二七六頃〜一九五／一九四頃）が地球の外周を測っている。外周を測るからには、大地（地球）を球体と考えていたことは言うまでもない。エラトステネスの測定法はよく知られていて、北アフリカで二地点の緯度差から外周を二五万二〇〇〇スタディオンだと算出した。スタディオンはギリシアの尺度であるが、今日の度量衡で言うと、四万六二五〇キロメートルになり、かなり正確な数値を得ていたことになる。ポセイドニオスは彼より一〇〇年ほど後に、再び計測を試みたが、その際に一八万スタディオンと計算を誤り、大西洋を西に七万スタディオン航行するならば、インドに辿り着くだろうと述べたために、その誤った数値がストラボン、プトレマイオスらに受け継がれ、近代ではロジャー・ベーコンなどに現れ、結果としてコロンブスが新大陸を発見した折に、インドと間違える原因となったと言われている。

中期ストア派のパナイティオスやポセイドニオスの特色は、彼らの活動拠点の中心がアテナイでなかったことにある。パナイティオスの出身はロドス島であり、その弟子のポセイドニオスはシュリア（シリア）のアパメイアの出身だったが、ロドス島で哲学を講じたから、当時のストア哲学の中心はアテナイよりはむしろロドス島にあったと言ってもよいだろう。しかし、ストア派の哲学の伝搬という点でより重要なのは、パナイティオスが前一四四年頃にローマに行ったことである。彼はガイウス・ラエリウス（前一九〇／一八六頃～一二五頃）の紹介で、プブリウス・コルネリウス・スキピオ・アエミリアヌス・アフリカヌス・ミノル・ヌマンティヌス（前一八五／一八四～一二九）の知遇を得た。後者はずいぶん長い名前であるが、共和制ローマの名門コルネリウス氏の一門であるスキピオ家の出身で、姻戚関係や自身の功績などでいろいろな名前が加わるが、通常は小スキピオ（スキピオ・ミノル）と呼ばれる。ラエリウスとは昵懇《じっこん》の仲で、ラエリウスの同名の父親と、小スキピオがその養子となったプブリウス・コルネリウス・スキピオ・アフリカヌス・マイオル（通常は、スキピオ・マイオル、すなわち大スキピオと呼ばれる）はともに対カルタゴのポエニ戦争の英雄であった。ちなみに、小スキピオのアエミリアヌスは、アエミリウス家出身の養子であることを意味している。

さて、ラエリウスであるが、キケロがその『友情について』に登場させた人物で、正確には書名が『ラエリウス』で、副題が「友情について」である。キケロはラエリウスが先に登場したバビロンのディオゲネスの講義に、後にはパナイティオスの講義に出席して、ストア哲学の感化を受けたこと（『善と悪の究極について』II 8, 24）、また弁論の技術に秀でていたと伝えている（『弁論家について』III 7, 28;『ブルートゥス』21, 82）。こうした縁もあって、ラエリウスは当時文芸に理解のあった小スキピオにこの哲人を引き合わせたわけである。他にも、歴史家でその著作の『歴史』の多くの巻が今日にも現存しているポリュビオス、喜劇作家のテレンティウス、諷刺作家のガイウス・ルキリウス、悲劇詩人のマルクス・パクウィウスなど当代一流の文化人たちと親交を深め、後世において「スキピオのサークル（Scipionic Circle）」と呼ばれる集団を形成していた。

キケロ

マルクス・トゥッリウス・キケロ、英語でタリー（Tully）の名で親しまれているローマ共和制末期の最大の文人は、スキピオのサークルよりも少し後に登場する。イタリア中西部ラティウム地方（ローマの南東）のアルピヌムで騎士階級の裕福な家に生まれ育ったキケロは、貴族階級には属していなかったが、弟のクィントゥス・トゥッリウス・キケロ（前一〇二～四三）とともに、当時で最高の教育を受けた。最初は弁論家として名を馳せたが、前八八年にペルシアのミトリダテス六世がローマに宣戦布告して、ギリシアとマケドニアに侵攻したために、多くの知識人がローマに流入し、その際にアカデメイアの学頭であったラリッサのピロン（前一六〇頃～八〇頃）の知遇を得て、哲学に関心をもつようになった。その縁もあってか、前七九年から二年の間にギリシアに遊学する。アテナイではピロンの弟子のアスカロンのアンティオコス（前一三〇頃～六八頃）にあらためてアカデメイア派の思想を学び、ロドス島ではストア派のポセイドニオスの講義に出席した。この時の経験が後におびただしいキケロの哲学的著作を生むきっかけとなった。ローマに帰還した前七七年には政界に進出し、財務官《クアエストル》、造営官《アエディリス》、法務官《プラエトル》を歴任し、ついには執政官《コンスル》にまで登りつめる。キケロがシチリア島でアルキメデスの墓を発見したのもこの頃である。在任中で最も有名な功績はルキウス・セルギウス・カティリナによる国家転覆の陰謀計画（前六三年）に対して、弾劾演説をおこなったことである。その計画を未然に防ぎ祖国を救ったことで、キケロは元老院から「パテル・パトリアエ（祖国の父）」の称号を贈られた。

この頃がキケロの生涯の絶頂期であったが、以後は政争にまきこまれる。前六〇年にカエサル（シーザー）、ポンペイユス、クラッススの世に言う三頭政治がおこなわれ、キケロは協力を求められたが、共和制を理想の国家体制だと信じたキケロはこれを固辞する。前五八年には宿敵プブリウス・クロディウスの執拗な攻撃に遭い、ギリシアのテサロニケへの亡命を余儀なくされる。この政治的な影響力を失っていた時期に書いたのが『国家について』『法律について』である。特に、前者（ラテン語で*De Republica*）では君主制、貴族制、民主制の三つの政体を組み合わせた混合政体を理想として掲げ、旧来の共和政治を擁護している。当時は共和制の末期で、帝国化が進められていたローマにあっては遅きに失したが、キケロが述べた理想的国家形態は後にフランスのモンテスキューによって研究され、今日の共和国（Republic）の礎を築いたことはよく知られている。

その後の前四九年一月一〇日に、カエサルは逡巡しながらもついに「賽《さい》は投げられた（iacta alea est）」（スエトニウス『ローマ皇帝伝』「カエサル伝」33）の言葉とともにルビコン川を渡渉し、ポンペイユスとの内戦を始めた。キケロはカエサルに協力を要請されるが、ポンペイユスの側についた。しかし、戦いに勝利したのはカエサルであり、ポンペイユスはエジプトで殺害される。カエサルの独裁政権下においてキケロは赦《ゆる》されてローマに帰還する。最愛の娘のトゥリアが亡くなったのもこの頃である。以後は、キケロは失意のうちにありながらその大部分の哲学的著作の執筆に専念する。

キケロ（前106～43）カピトリーノ美術館蔵

前四四年三月一五日、カエサルが暗殺された。執政官であったマルクス・アントニウス（前八三頃～三〇）が実権を握ると、キケロは彼を攻撃した激烈な演説を展開する。これがキケロが敬愛するギリシアの弁論家デモステネスの演説を真似ておこなった『ピリッピカ（文字通りには、ピリッポス弾劾演説）』である。しかし、アントニウスがオクタウィアヌス（後のアウグストゥス）らと第二次三頭政治をおこなうと、キケロの立場は危うくなり、逃亡の途上で弟のクィントゥスと別れ別れになり、二人はともに殺害された。キケロの首と弾劾演説を認《したた》めたその手はローマに運ばれ、広場《フォールム》の演壇にさらされた。

キケロはローマのパラティヌス丘（現在のパラティーノ）に豪邸を構え、別荘をいくつも所有し、二〇〇〇万セステルティウスものお金を寄贈されたりすることもあった。セステルティウスはローマの貨幣で、sestertiusはsemis-tertius（三番目の半分）に由来し、二分の一、一と二分の一に続く、二と二分の一の意味で、当時よく使用されたアス銅貨の二と二分の一倍という意味である。当時のローマ人の主食は小麦であったが、ひとりのローマ人がひと月に消費する量を三二・七五キログラム（ローマの単位で五モディウス）とすると、それにかかる費用は一五セステルティウス、一年では一八〇セステルティウスとなる。前五一年にキケロがキリキア地方で総督をしていた頃の年収は二〇〇万セステルティウスであったから、キケロの所有していた富がどれほどのものであったか推測することができるだろう。もちろん、後出のセネカの富は三億セステルティウスと言われているから、キケロの富はその比ではなかったが、両人はギリシア・ローマの哲人の中でもその富において突出していたことは覚えておかれてよいだろう。

キケロの思想は基本的にはアカデメイア派に属しているとみてよい。もっとも師のアンティオコスはカルネアデス以来の懐疑主義の立場を捨てており、プラトンの教説により親密であり、その意味では古アカデメイア派に近いと言える。プラトンの対話篇に倣って、その多くの著作を対話形式で著した。ただここではキケロの思想の全体を紹介することを意図していないので、ストア派のパナイティオスの思想を紹介している義務論を中心に述べることにしたい。

四　義務とペルソナ論

義務について

中期ストア派において重要な概念は「義務」である。これはギリシア語ではカテーコン（kathēkon）という。ここで少し面倒だが、言葉の説明をしておくと、カテーコンとはより正確には「ふさわしい行為」のことである。この言葉を哲学における重要概念としてはじめて使ったのは、ストア派の始祖のゼノンだと言われている（DL VII 25, 107—108）。語源的説明によると、カテーコンとはカタ・ティナース・ヘーケインを約《つづ》めたものだという（DL VII 108）。文字通りには「ある人びと（ティナース）の所に（カタ）行くこと（ヘーケイン）」だが、この場合のカタはむしろ「……にふさわしく」の意味になりうるので、「ある人びとにふさわしいことをおこなう」の意味だと考えるべきであろう。語源説明にはさらに、「自然本性にかなった固有の行為」だという追加の説明もついている。つまり、カテーコンとはキュニコス派やストア派が生きるにあたってのモットーとした「自然にしたがって生きよ」をも含んだ表現なのである。

キケロがストア派のカテーコンの諸段階を紹介しているところがある。『善と悪の究極について』において、人間の発達段階を五つに区分している。すなわち、まず理性をそなえていない幼児期の段階で、自然に即したものにおのずから向かうこと。先に述べたオイケイオーシス論で最初に自分に親密なものに近づくと言われていたのがこれである。しかし、人間はもう少し成長して第二の段階に進むと、自然にかなったものを取るが、それに反したものを斥けるようになる。そして次に、第三の段階であるが、いくらか理性がそなわってきて、最初の段階のように衝動ではなく、理性によって自然にかなったものを選択し、反するものを忌避するようになる。そして、第四の段階として、その選択が持続的、習慣的になり理性による選択が安定してくると、最後に完全に自然と一致した行動をとれる段階、すなわち第五の段階に至る。この段階はもはやカテーコン、すなわちふさわしい行為ではなく、カトルトーマ（katorthōma）と呼ばれる正当な行為で、つまりいかなることをおこなうにあたっても過《あやま》たないような状態を言う。これはきわめて稀であり、有徳の賢者のみ可能となる。

以上はキケロの言葉だけでなく、ストア派の立場に即していくらか補足しておこなった説明である。ただし、ここで注目すべきことは、キケロが紹介している中期ストア派のパナイティオスの場合には、初期ストア派の場合のように少数の賢者の集団をなすのを目標とするよりは、むしろ私たち一般人の倫理的立場が中心に考察されていることである。キケロは次のように言っている。

完璧で申し分ない賢者とともに生きるわけではなく、むしろ徳に類似したものをそなえていれば優れたおこないをすることになるような人びとなのだ。だから、このことを理解していなければならないと私は思う。つまり、どんな人であれ、いくらかでも徳のあるところをみせるようであれば、無視されるべきではないのだ。（『義務について』I 15, 46）

つまり、初期ストア派においては理想的な賢者の姿が描かれていたが、中期ストア派ではむしろそれに至る中間段階とも言うべき行為が重要視される。ストアの思想が賢者というごくわずかな人のために述べられているのだとすると、私たち一般の人間にはおよそ関わりのないものだと言わねばならない。完全ではありえない人間にとって指針となるもの、そうしたものを私たちは求めるからである。

キケロは『義務について』において、ギリシアの哲人たちがつねに扱っていた正義、勇気、節度、知恵という四つの基本的な徳について扱っているが、とりわけ関心を向けているのが「節度」という徳である。節度と言うとわかりにくいが、ギリシア語ではソープロシュネー（sōphrosynē）と言って、文字通りには健全な（sō）思慮（phrosynē）を持つことを言う。この言葉をキケロはデコールム（decorum）というラテン語で説明している。節度、節制というのは慎みとか、感情をコントロールすること、限度を知るというようなことと関係しているが、そのために必要なのはデコールムだと言うのである（『正義について』I 93）。ここでデコールムは少し訳しにくいが、もともとは飾りの語義を含んでいて、そこから「ふさわしさ」の意味になる。キケロが「ふさわしい」という意味をもつプレポン（prepon）というギリシア語で置き換えていることからも、この点は明らかである。同書を引用すると、

> それぞれの人格、状況、年齢に照らして何がふさわしいか、何が適正かを問うならば、たいてい義務が見出されることになる。（I 125）

とある。ここで義務と関連の深い言葉が人格である。ラテン語では人格はペルソナという語で表現される。そして、キケロの『義務について』において独特の人格論を展開しているのがパナイティオス

である。

ペルソナ（人格）

ギリシア語で「顔」はプロソーポンと言う。プロソーポンはまた「仮面」の意味をも持ちうる。仮面とは悲劇や喜劇において舞台俳優が着けるものであり、表面的な顔とは違ったもうひとつの顔である。いわば内面の自己を言う。それがその人の「人格」にもなる。人格は英語では personality（パーソナリティ）であるが、これはもともとラテン語のペルソナに由来している。ペルソナはギリシア語のプロソーポンに相当する語で、同様に「顔」や「仮面」の意味を持っている。これがキケロなどを通じて後に近代の人格概念に受け継がれていく。カントの場合、『人倫の形而上学《けいじじょうがく》』において展開された人格性（Persönlichkeit）の概念は倫理学だけでなく彼の哲学において重要な意味を持つが、このような議論の淵源は中期ストア派のパナイティオスの思想にある。先に述べたように、パナイティオスの書物は失われて現存せず、『義務について』において、特にその第一～二巻で紹介されているが、ペルソナ論はその第一巻（I 107―125）で展開される。

　キケロは言う。まず自然は二つのペルソナを私たち人間に身につけさせた。ひとつは人間が理性を持つことによって得られるすべての人間に共通の人格である。もうひとつは足の速い人もいれば遅い人もあり、腕っぷしの強い人もいれば弱い人もいるように、個人に固有のものとしてある人格である。そして、個々の人格に応じてなすべき行為もまた異なってくる。キケロが挙げるのはマルクス・ポルキウス・カトー・ウティケンシス（小カトー）の例である。先に挙げた同名のカトー（大カトー）の曽孫にあたり、終焉の地にちなんでウティカの（ウティケンシス）カトーとも呼ばれる。前四〇年代ローマに起きた内戦において、カトーはカエサルに対抗するが、反カエサル派の最後の牙城であったウティカも陥落し、みずからの運命の最期を悟り自害する。カエサルはその死を惜しんだが、最も衝撃を受けたのがキケロであった。『義務について』を著す一〇年ほど前の出来事であるが、暴君に屈することなくみずからの意志を貫いたカトーの死は、キケロによってストア派らしい理想の最期として美化されることになる。第二のペルソナを示すための最もふさわしい例がカトーであった。

　第三のペルソナは偶然や機会に左右されるものである。たまたま王位に即《つ》くことができたとか、富、財産を得たとかいったことで、持つに至るのがこれである。第四のペルソナはそれぞれの選択によって得られたものを言う。哲学に向かう人もいれば、市民法に関わる人もいるし、軍人となる人もいる。以上の四つのペルソナを簡略化して示せば、㈠普遍的、㈡個別的、㈢偶然的、㈣選択的なペルソナがあって、それらが人間の人格を形成すると考えるわけである。キケロが同時代のカトーの例を出したりするために、このうちのどれがパナイティオス自身の思想を反映するのかを決めるのは困難である。最初の二つのみだとする研究者もおれば、すべてがパナイティオスの思想だとする研究者もいる。そのような詮索は哲学史の研究者に任せればよいが、ここでキケロが伝える中期ストア派の思想の特徴と考えられるものを確認しておきたい。

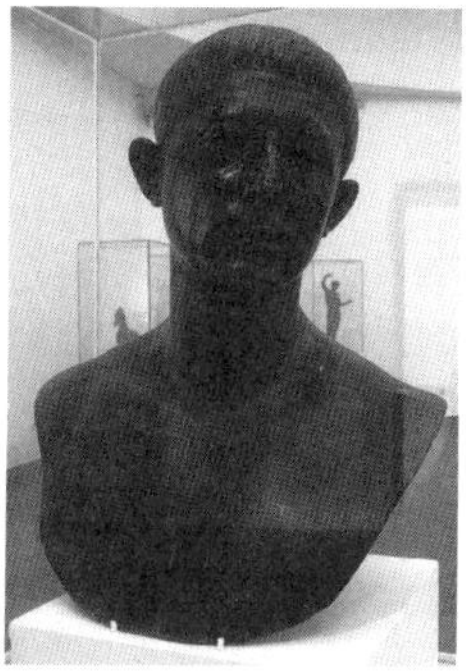

小カトー（前95～46）ラバト国立考古学博物館蔵

折衷主義

　この点はこれからみることになる後期ストア派の思想を考えるうえで重要である。セネカ、エピクテトス、マルクス・アウレリウスの思想は、初期ストア派を下敷きにしているように見えるが、時にはそれを逸脱しているからである。初期ストア派の哲人たちは理想的な賢者の姿を描いたが、そうした賢者がはたしてこの世にどれだけいるのか、およそ私たち一般の人間には関わりのない集団のように思われるが、ストア派も中期、後期になると、そうしたエリート集団の形成にはあまり関心がないようにみえる。キケロがすでに注意しているとおり、パナイティオスの思想は初期ストア派よりもずっとプラトン寄り、アリストテレス寄りである。

エクレクティック（ecclectic）という言葉がこの時代の思想家たちの特徴を表している。すなわち「折衷」である。ストア派とアカデメイア派が互いに相手の立場を批判したことについてはすでに述べたが、その結果として相互の思想から受け入れるべきは受け入れるという態度が生まれてくる。あるいは、アリストテレスの学派であったペリパトス派からの影響もある。パナイティオスは初期ストア派の中心思想のひとつである、宇宙が周期的に火によって焼き尽くされるという考えを放棄しており、むしろ宇宙の永遠性を主張するアリストテレスのほうに与している。彼の弟子のポセイドニオスは、クリュシッポスが示した人間の魂に関する思想をもはや受け入れていない。当時のストア派の傾向はこのように折衷的な立場をとったが、この点は同時代のアスカロンのアンティオコス（前一三〇頃～六八頃）においてさらに顕著になる。アンティオコスはアカデメイア派の哲学者であったが、時にはストア派やペリパトス派の思想を採用しており、カルネアデスらにあった懐疑主義はもはや見られなくなる。キケロが彼の講義を聴いたのは前七九～七八年であるが、その弁舌の巧みさに魅了され、彼の著作にしばしば登場することになる。

キケロが殺されたのは前四三年である。その後の政争を経て、オクタウィアヌスはついにローマ帝国の初代皇帝に即き、アウグストゥスと称した。アウグストゥスはギリシアの学問を修得するのに熱心で、周囲にギリシア人学者を集めたが、そのひとりにアレクサンドリアのアレイオス・ディデュモスがいる（スエトニウス『ローマ皇帝伝』「アウグストゥス伝」89）。ディデュモスはギリシアの哲学の概要を示した『エピトメ（梗概）』を著すが、これはアウグストゥス帝のために書かれたものであった。彼については、ホラティウスが『諷刺詩』（II 6, 73—76）において言及している。ホラティウスを読むと、アウグストゥス帝の宮廷ばかりでなく、市の公の場において、ストア派の哲人たちが活躍していたのがわかる。ストア派について一二〇巻の書物を書いたとされるステルティニウス、他にはクリスピヌスやダマシップスである。彼らは今日の私たちにはほとんど無名の人物だが、当時のローマではさまざまな哲人たちがストア派の哲学を講じていたという事実は知られてよいであろう。アウグストゥスは後一四年に死去するが、跡を継いだティベリウス帝（在位、後一四〜三七）の治下にあっても、哲人たちの講義はあいかわらず好評を博していた。その中でも、最も著名なのがストア派のアッタロス、すなわちセネカの哲学の師であった。

第四章　不遇の哲学者——セネカ

一　偽善者セネカ？

政争の中で

ルキウス・アンナエウス・セネカ——私たちが「セネカ」の名前で呼んでいるこの哲学者の美しい言葉に感動し、あるいは鼓舞された人は少なくないだろう。ヨーロッパ近代においてこの哲人はキケロとともに多くの思想家たちによって読まれ影響をあたえてきた。しかし、セネカとはどのような人物であったのか。それはひとつの謎として残されている。セネカのものと伝えられている胸像に二つのものがあって、ひとつは前一世紀、もうひとつは後三世紀のものとされる。古いほうの胸像のやせた顔はいかにもストアの哲人らしいが、一般には偽セネカの名前で呼ばれている。一七五四年にヘルクラネウムのパピルス荘で発見されたものであるが、その後の考証によって誤ってセネカのものとされていたことがわかっている。もうひとつのほうは、時代的には下るが、ぜい肉がつき、ぶよぶよした顔つきの人物で一八一三年に発見された。反対側にはソクラテスの胸像がある（次々頁）。こちらのほうは、私たちが彼の哲学的著作によって想像するセネカ像からはほど遠い。しかし一方で、ローマの歴史家たちはセネカを巨万の富を築いた政治家として描いている。はたして、どちらが彼の真実の姿なのか。

セネカはスペインの南部コルドゥバ（現在のコルドバ）の富裕な騎士階級に生まれ、父も同姓同名であるため、前者は小セネカ、父親のほうは大セネカと言って区別される。小セネカは幼くしてローマに行き、そこで当時の裕福な子弟と同様に、政界に入るべく弁論の技術を学ぶ。それとともに、先に述べたようにストア派哲学者のアッタロスなど、何人かの哲学者に師事している。その頃の学習が、後年に書かれたセネカの美しい文章の素地となったわけである。生来虚弱な体質で数年間エジプトのアレクサンドリアでの療養を余儀なくされるが、ローマに帰還後は政界に入り、財務官《クアエストル》となり、ついには元老院議員となるが、その雄弁と学識において他《た》を抜きん出ていた。

時の皇帝はカリグラ（在位、後三七〜四一）である。その父親はゲルマニクス（前一五〜後一九）というが、ゲルマニクスはローマの将軍で、ティベリウス帝の弟を父とし、同様にカエサルの血を引くアントニア（小アントニアと呼ばれる）を母とするが、アウグストゥス帝によってティベリウスの後継者と定められていた。しかし、その声望に嫉妬するティベリウスのせいで、ローマに戻れず辺境にて失意のうちに急死した。ティベリウスの没後皇帝になったカリグラは、セネカの人物にもその演説にも興味を示さなかった。彼がセネカの演説に下した評価は、「まったくこれ見よがしの口舌で、石灰を混ぜない砂のようだ」（スエトニウス『ローマ皇帝伝』「カリグラ伝」53）というものであった。砂に石灰を混ぜないと建築材にならないように、物の役には立たないということである。しかし、カリグラが皇帝の地位にあったのはたった四年あまりで、四一年に暗殺される。その後に帝位に即いたのは、ゲルマニクスの弟のクラウディウス（在位、後四一〜五四）であった。

クラウディウスは初代皇帝アウグストゥスを大伯父にもち、第二代皇帝ティベリウスを伯父に持つという、名門ユリウス・クラウディウス家の出自にありながら、生まれつき身体に障害があり、挙動も会話も正常でなかったために母親から疎んじられていた。しかし、甥のカリグラが暗殺されたときにカーテンの後ろに隠れているところをみつけ出され、皇帝直属の近衛兵部隊によって皇帝に推戴される。元老院はできれば昔の共和政治に戻したかったが、軍部の勢いに押されやむなくこれを承認した。結果として、軍隊が皇帝を決める最初の例になった。皇帝になったクラウディウスは在位時にいくつかの改革をおこなっているが、これらはすべて皇后のウァレリア・メッサリナと解放奴隷の意のままにおこなわれた。とりわけ激烈であったのが皇后である。カリグラが暗殺されたときに、流刑になっていたカリグラの二人の妹がローマに帰還する。アグリッピナ（同名の女性がもうひとりいるので、小アグリッピナと称せられる）とリウィッラであるが、このアグリッピナがルキウス・ドミティウス、すなわち後の暴君ネロの母親である。彼女らはアウグストゥスの直系であるために、メッサリナはその血筋を恐れねばならなかった。すでに皇帝との間には息子のブリタンニクスをもうけていたが、そのことで安心するわけにはいかない。そこで彼女は二人の姉妹を排除することを画策する。そこで目をつけたのがセネカであった。リウィッラは既婚者であったために、あろうことかセネカとの姦通罪で告発される。まったくの濡れ衣《ぎぬ》であったが、リウィッラは最初の流刑地に戻されることになった。ナポリの沖にあるポンティア（現在のポンツァ）島である。ローマに帰還して一年も経たぬ間の出来事であった。セネカの流刑地はコルシカ島である。しかし、

セネカ（前4～後65）の名を刻した胸像（3世紀）ベルリン旧博物館蔵

メッサリナはもうひとりの妹アグリッピナに対しては同様の処罰をあたえることができなかった。アグリッピナはグナエウス・ドミティウス・アヘノバルブスと最初の結婚をしていて、ドミティウスを生んでいたが、この夫はメッサリナの祖父にあたっていたために、容易に手出しができなかったからである。

セネカがコルシカ島にあって書いた書簡に『ヘルウィアへの慰めの手紙』と『ポリュビウスへの慰めの手紙』がある。ヘルウィアはセネカの母親であり、書簡の中ではコルシカ島での理想的な生活ぶりを綴っている。これは母親を安心させるためでもあっただろう。もうひとつの手紙は、これとは書きようがまったく異なっている。皇帝の解放奴隷であったポリュビウスに宛てられたものであるが、そこでは島での辛い生活を切々と訴えている。特に、その末尾は数十年前に皇帝アウグストゥスの怒りにふれ、黒海に流された詩人オウィディウスの『悲しみの歌』に表現を合わせたようなくだりで終わる。オウィディウスは辺境の地にあって母国の言葉ラテン語に黒海の言葉が混じってはしないかと恐れているが（『悲しみの歌』III 45―50）、セネカはおそらくそれを意識したのであろうか、野蛮人の中にあってラテン語が通じないことを嘆いている。これら二つの書簡の対照的な書きぶりには興味深いところがある。一方で、母親の気持ちを思いやって安心させながら、もう一方では、コルシカ島にあっての不遇を訴え、暗にローマへの帰還のための支援をうながしているのである。

ところが、セネカの運命はその後に驚くべきほど好転する。皇后メッサリナが亡くなったのだ。メッサリナは夫の留守中に貴族のガイウス・シリウスと結婚し、シリウスを新皇帝に据えようとしたのであるが、文書担当秘書官であった解放奴隷ナルキッススの機転によってクーデターは回避され、メッサリナは処刑された。前四八年秋のことであった。やもめとなったクラウディウス帝は、翌年の四九年一月に思い切った決断をする。カリグラの妹アグリッピナを妻にするのである。アグリッピナの夫は、クラウディウスが皇帝になる前年に他界しており、彼女は未亡人であったのだが、クラウディウスの姪にあたり、ローマでは近親結婚は当時禁じられていた。しかし、クラウディウスは近親結婚を可能だとする決議を元老院において可決させると、自分のもうひとりの子供であるオクタウィアをアグリッピナの息子ドミティウスに嫁がせることにした。このようにして、アウグストゥスの直系子孫との婚姻によって、みずからの地位の安寧を図ったのである。

クラウディウス帝暗殺

セネカはアグリッピナの尽力によって赦され、ローマに召還される。セネカ自身は哲学の勉強のためにアテナイへ行きたかったが、アグリッピナの指示によって、彼女の息子ドミティウスの教育係を務めることになった。このことがセネカにとって大きな転機となる。この上ない幸運と不運の始まりであった。ドミティウスは正式にクラウディウスの養子となり、ネロと改名する。後の暴君ネロである。同年にセネカは法務官《プラエトル》に任ぜられた。その後、アグリッピナはクラウディウス帝の殺害を計画する。事の次第は歴史家のタキトゥスやディオン・カッシオス（ローマの名では、ルキウス・クラウディウス・カッシウス・ディオ）が伝えている。皇帝に最も忠実であった解放奴隷ナルキッススを病気治療の名目でアッピア街道沿いのシヌエッサへ送り出すと、皇帝の好物であったキノコに毒を塗って宴席で食べさせたのである。皇帝はたちまち昏倒するが、アグリッピナの思惑は外れ、皇帝の胃を洗浄することでキノコが取り出され、一命をとりとめる。狼狽したアグリッピナは、ギリシア人医師のクセノポンを呼びつけ、吐瀉《としゃ》用の鳥の羽毛に即効力のある毒を塗って、皇帝の喉の奥に押し込ませた。

これによってクラウディウスはとどめを刺され絶命する。五四年一〇月一三日のことであった。

アグリッピナは続いて、新皇帝誕生の演出をおこなう。セネカと同郷の親衛隊隊長ブッルスを伴ってネロが宮殿に姿を現すと、先帝の死去が手短に伝えられ、ブッルスの掛け声とともに兵士たちは新帝を歓呼して迎えたのであった。続いてネロは新帝として先帝の追悼演説をおこなう。演説原稿の作者はセネカであった（ディオン・カッシオス『ローマ史』LXI 3, 1）。ネロの演説はクラウディウスとの関係がいかに良好であったかを示すものであったが、それは事実とはかけ離れていた。特に、クラウディウスの事績を読み上げると、周囲の人びとの間に忍び笑いが起きたほどであった。ネロが皇帝に即いた当初はブッルスらの支えもあって、「ネロの五年間」と称される善政をおこなった。

セネカには『アポコロキュントーシス』という奇妙な名前の著作がある。邦訳では『かぼちゃになった王様』（『道徳論集』所収、茂手木元蔵訳、東海大学出版会）となっている。リデル／スコットのギリシア語大辞典がパンプキンの語で訳しているのでこのような題になったのであろうが、かぼちゃはアメリカ大陸原産なので正確だとは言えない。この語に含まれるコロキュンテーはひょうたんの類を指している。この奇妙な言葉は明らかに「アポテオーシス」をもじって作られている。すなわち、「神格化」である。テオス（神）の代わりにコロキュンテー（ひょうたん）を用いた諷刺である。この作品には滑稽さと荘厳さが奇妙に入り交じっている。「最も輝かしき新時代の幕開けとなる初年度の一〇月一三日に」という言葉で始まるが、これはクラウディウスが死去した当日の話なのである。このようにして、今は亡きクラウディウスが神格化ならぬ、ひょうたん化した。

こうした作品はセネカには他に例がないために、なぜ彼はこれを書いたのかがさまざまに臆測されている。そもそもこの「ひょうたん化」という書名は、ディオン・カッシオスの『ローマ史』（LXI

35, 3）に出現し、しかもそこではセネカの著作だと明記されているのだが、現存するこの作品の三つの有力写本、Codex Sangallensis（S写本）、Codex Valentianensis（V写本）、Codex Londiniensis（L写本）のいずれにもこの書名がないために、ネロの廷臣で、諷刺小説『サテュリコン』の著者であったペトロニウスの作ではないかという推測もある。一方、この作品がセネカのものだとすると、その意図は自分を追放したクラウディウスへの復讐のためではないかというのが普通の見方である。あるいは、ユリウス・クラウディウス家の血なまぐさい政権交代劇を目の当たりにし、セネカ自身が直接に皇帝殺害に関わったわけではないが、皇帝の追悼演説の代筆をしたということでの心の痛みも当然ながらあっただろうから、クラウディウスの昇天を自虐的に綴ったものではないかとも考えられるが、よくはわからない。いずれにせよ、ネロによる新しい時代が始まった。

二　政治家としての栄達

富裕な哲学者として

セネカは五六年には補欠執政官になり、セネカの資産は、政治家としての栄達によって膨大にふくれあがった。ローマ帝国内の各地にいくつもの領地を有しており、多額の現金もあって、諷刺詩人ユウェナリスの「非常な金持ち（praedivitis）」（『諷刺詩集』X 16）の言葉が端的にセネカの資産状況を表していた。前章でも触れたが、セネカの資産は「三億セステルティウス」（ディオン・カッシオス『ローマ史』LXI 10, 3、タキトゥス『年代記』XIII 42）であったという。ローマでは二万四〇〇

○セステルティウスあればつましく暮らせたと言うから、そうすると一万二五〇〇年は生きていくことができる勘定となる。一方で清貧の生を説きながら、他方ではせっせと資産を築いていく哲学者。はたしてセネカは偽善者ではないのだろうか——こんな疑問が浮かんでくる。

セネカはその著作『人生の短さについて』において、自分自身を啓発するために、時間を惜しまねばならない、と言う。「ある人は別の人のために耕し、その別の人はさらに別の人のために耕しているが、自分自身を耕す者はいない」（II 4）と述べている。そして、自己啓発の妨げになるのは何か。それは富だと言う。「多くの人びとにとって、富はいかに重荷であろうか」（同所）。しかし、その一方で同じ著者は、『幸福な人生について』という作品では、「賢者がみずからの精神を進展させるためには、貧窮であるよりは富裕であるほうが好都合であることに疑問の余地がない」（XXII 1）とも言っているのである。ストア派の思想に、富裕であるほうが善いというような主張はない。この作品は幸福論を主題としているのであるが、どういうわけか、その後半部では自分を攻撃する人びとを想定した上で、反論を試みている。

なぜお前の田舎の地所は、必要以上に耕されているのか？　なぜお前は自分で書いている通りの食事をしないのか？　なぜお前の家具はそんなに輝いているのか？　なぜお前の家で飲まれる葡萄酒は、お前自身よりも年を経ているのか？　なぜ金製品が並べられているのか？　なぜ鳥の家を置いているのか？　なぜ陰を作る以外には意味がないような樹木を植えるのか？　……（『幸福な人生について』17）

これはあくまでも、セネカに対する仮想の反論であるのだが、同時代人に実際にこのような反論を試みた人がいたのかもしれない。ストア派を標榜しながらも、セネカの財産はあまりにも富裕であった。そして、この仮想の反論に対するセネカの回答は以下のようなものである。

私は賢者ではないし、君の悪意を募らせるためには、私は賢者であることはないだろう。だから、私に最善の人と等しくあることではなく、悪人よりも善い人間であることのほうを求めてほしい。（同所）

『幸福な人生について』は、幸福についてストア派の立場に立ちながら自然にしたがって生きることを説く作品なのであるが、その後半はこのような奇妙な問答が続く。みずからの富への批判に対するセネカの回答は、いかにも苦しい自己弁護のようにもとれる。この作品では、物乞いと自分のそれぞれの境遇を比較している。ローマの市内を貫流するティベル川（現在のテヴェレ川）に当時スブリキウス橋というのが架かっていた。後には洪水で流失したのだが、その橋には乞食が群がっていた。セネカは自分が金銀の調度品を設えた裕福な家にいても、それを自慢することはないが、逆に、たとえスブリキウス橋のたもとにいる乞食たちの中にいたとしても、自分で自分を恥じることはないだろうと言っている。

いずれにしても死は避けられないからだ。とすれば、パンの一切れや二切れがないことが自分にとってどれだけの意味があるのだろうか。（『幸福な人生について』25）

セネカは確かに清貧のうちに生きたディオゲネスではなかった。ディオゲネスは水を手ですくって飲む子供を見て、持ち歩いていた柄杓《ひしゃく》を捨てて、余分な物を持っていたことに気づかなかったと言ったが、セネカの説くのはこのようなミニマリストの生き方ではない。セネカに言わせれば、柄杓を持っていても、持っていなくても、いずれは死が訪れるという点では同じことなのだ。

セネカの文章はとにかく美しい。数篇の悲劇と、『怒りについて』『摂理について』『人生の短さについて』『心の平静について』『幸福な人生について』『寛容について』『善行について』『賢者の不動心について』などの『倫理論集』、ヘルウィア、ポリュビウス、マルキアに宛てた三通の慰めの手紙、自然研究書を読み漁《あさ》ってまとめた『自然学研究』、そして晩年にルキリウスに宛てた膨大な書簡である『倫理書簡集』など、多くの書物が現存し、キケロとともに近代のヨーロッパ人に親しまれ、大きな影響をあたえてきた。しかしながら他方で、歴史家のタキトゥスやディオン・カッシオスが描くクラウディウス、アグリッピナ、ネロの事績の中でのセネカの行動を見ると、セネカとははたしてどのような人物であったのかについて、疑念が浮かんでくる。巨万の富を持ち、多くの別荘を有していた哲人が語るストア派の清貧な思想にはたしてどれほどの説得力があるのだろうか。この疑問はすでに同時代においても存在していた。

アグリッピナ殺害

さて、歴史の記述に戻ろう。アグリッピナの暴政は続き、先帝の忠実な部下であったナルキッススを自殺に追いやるが、五五年には、先帝の息子のブリタンニクスがネロによって殺害される。歴史家のタキトゥスが記録するところでは、晩餐の席でブリタンニクスに飲物が出されると、熱すぎて飲めないので冷水を加えるように指図される。この冷水に毒が混ぜられていたのである。一言も発することなく絶命すると、ネロは陰謀が露見しないようにすぐに荼毘《だび》に付するように命じたという（『年代記』XIII 12―17）。アグリッピナはなお権力を維持していたが、次第に息子に恐怖を抱くようになり、勢力は急速に衰えていく。この頃のセネカの作品に『寛容について』がある。この書の冒頭は「ネロ皇帝陛下、私は寛容についての一文を著す決心をいたしました」で始まり、文を追えども追えどもネロに対する追従の言葉が続く。しかも、その言葉によって語られたことが事実ではないことは、百も承知だった。理想的君主とされるネロは現実のものではなく、むしろセネカの願いなのだ。絶対的権力者がその力を抑制し、臣下に寛容な態度を見せることによって、安定した統治が生まれる。このように君主のあるべき態度を示したのが『寛容について』であった。しかしながら、セネカが寛容を説く相手は、まだ一八歳の若者で、道徳的な指針など持ち合わせていなかった。ネロはさらに暴君化していく。

ポッパエア・サビナは、オクタウィアに続くネロの二番目の后である。母親から美貌を受け継いだポッパエアは、「気高い心を除けば、女として欠けるものはなにひとつなかった」（タキトゥス『年代記』XIII 45）と言われた評判の美女であった。この美女にネロが懸想《けそう》する。最初ネロの情婦であったポッパエアは、次第にネロを意のままに操り、邪魔な母親アグリッピナを殺害し、オクタウィアを追い出すようにネロに迫った。そこで、五九年にネロはついに自分の母親を事故にみせかけて殺害する。アグリッピナ殺害の模様は、タキトゥスの『年代記』やディオン・カッシオス『ローマ史』に詳しく描かれている。ネロの幼少期からの教育係のひとりであった解放奴隷アニケトゥスという男の進言で、沈むように仕掛けられた船を作り、母親をその船に乗せ、事故死にみせかけて溺死させようとしたが、アグリッピナは負傷しただけで泳いで逃げ帰った。それで、アニケトゥスを送って彼女を刺殺させる。五九年三月のことであった。この殺害にセネカが関与したかどうかであるが、セネカもブッルスもネロに母親殺しを思い留まらせていたから、その可能性は低いと考えられるだろう。ディオン・カッシオスは、セネカもまたポッパエアに加えて、ネロをせきたてた張本人のひとりだと明言しているが（『ローマ史』LXI 12, 1）、ディィオンの記述には明らかにセネカに対する悪意が見られる。

一方のセネカは親衛隊隊長のブッルスの協力の下にネロの治世を支えていたが、そのブッルスも六二年にこの世を去る。タキトゥスは病気か毒殺か不明としながらも、ネロが医師に命じて劇薬で窒息死させた可能性をほのめかしている（『年代記』XIV 51）。さらに同年、ネロはついに妻のオクタウィアを離縁し追放し、さらに追放した土地で処刑すると、ポッパエアを正式に皇后に据えた。ネロの治世を支えていた片翼を失ったセネカは、ブッルスの後任の者たちによる中傷・讒言《ざんげん》を受けるようになる。ネロとはすでに一四年にわたるつきあいであり、ネロが皇帝になってから八年が経過していた。セネカは身の危険を感じて、自分の持つ財産はすべて皇帝によってあたえられたものだが、いまこの年になって財産の重みに耐えきれなくなっているので、これをすべて皇帝に返還したいと告げた。当時のネロの浪費癖はすさまじく、国家の財政に大きな影響を及ぼしていたので、この申し出は好都合であったが、ネロは言葉の上ではこれを許さなかった。自分が今あるのはセネカのおかげであり、統治はまだ始まったばかりであるから、今後も私に助言をしてほしいと言った。しかし、これはネロの生来の性癖であって、まやかしの追従を述べながらも、内心ではセネカを憎んでいたのである。

セネカの最期

六四年七月一九日にローマの都心付近で火の手が上がり、ローマ一四区のおよそ三分の二にあたる一〇区が焼失した。世に言うローマの大火である。ネロは燃えさかる市内をみながら、自作の叙事詩「トロイア陥落」を歌っていた。火事がようやく鎮まると、ネロが新しく都を建て直すために放火したのではないかという噂が市中に流れた。ネロはこの風評をもみ消すために、キリスト教徒に罪を着せて、多数の信徒を殺害した。すると、その翌年にはネロ暗殺計画が発覚する。ガイウス・カルプルニウス・ピソ（四一年の執政官）が陰謀の首謀者にまつり上げられ、ネロ殺害後に新皇帝として擁立される手はずであったが、決行の前日に密告者が現れて計画が露見してしまう。ピソはなんら抵抗を示すことなくみずからの血管を裂いて自決した。タキトゥスの『年代記』の当該箇所（XV 60―61）を見るかぎりでは、セネカはこの陰謀に荷担することはなかったと思われるが、讒言によって共謀の罪を問われ、皇帝によって自決を命じられた。

タキトゥスはセネカの最期を事細かに記述している。

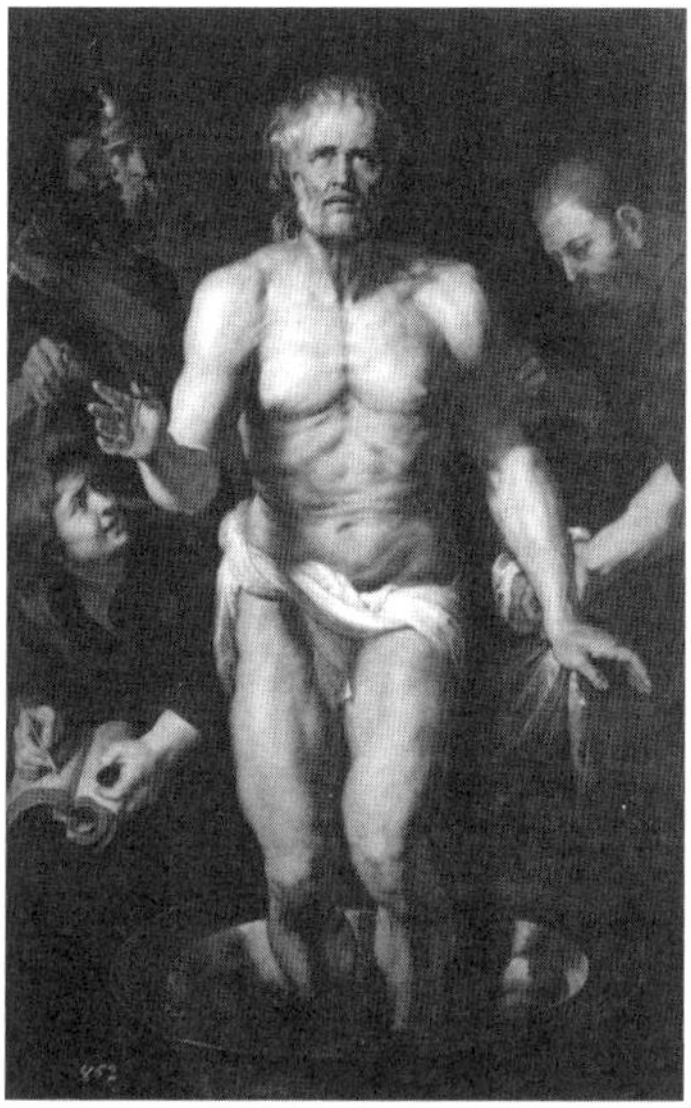

セネカの最期（ルーベンス 1615年頃）

セネカと妻のパウリナは同時に血管を切り裂く。ネロはパウリナに対しては恨みがなかったので、彼女の自殺を阻むように命じていた。そのため、派遣された兵は彼女の腕を縛って、止血するようにさせた。それによって彼女はその後も数年の間は生きながらえた。一方のセネカのほうは、節食をしてやせていたために血の出方が悪く、さらに足首と膝の血管を切るが、それでも死ぬことができなかった。そこで、セネカは親しい医師のスタティウス・アンナエウスに毒薬を持って来るように頼んだ。この毒薬はコーネイオンと呼ばれる毒ニンジンをすり下ろしたもので、ギリシアのアテナイにおける国家裁判で死刑を宣告された者が飲むように決められていたものである。ソクラテスが刑死において飲んだのもこれである。しかし、コーネイオンも効き目がなかった。やむなく、熱湯の風呂に入り、さらに発汗室（当時のサウナ）に運ばれ、その熱気によってようやく息を引き取ったという。セネカはこのような壮絶な最期を遂げた。

セネカは皇帝ネロによって政治家としての栄達をはたし、巨万の富を得た。晩年には皇帝の相談役の仕事を辞し、静寂な生活に入ろうとしたが、しかし許されることはなかった。セネカは自分の意志によって一生を送ることはできなかった。彼は何度もアテナイの哲人ソクラテスに言及したが、ソクラテスのように生きることも、ソクラテスのように死ぬこともできなかった。偶然ではあるが、コーネイオンによっても死ぬことができなかったのは、彼の不運な人生を象徴しているようにみえる。しかしそれにもかかわらず、死の最期にあっても彼は哲学を忘れることはなかった。涙ぐむ友人たちに対して、こう諭したという。

哲学の教えはどこに行ってしまったのだ。不慮の出来事に備えて、あんなに長い間にわたって考えぬいた心構えはどこに行ってしまったのだ。ネロの残虐さを知らない者がいただろうか。母と弟を殺した後は、教育した恩師を殺害する以外にはなにも残っていないではないか。（タキトゥス『年代記』XV 62）

タキトゥスは、セネカが瀕死の間際にも、あふれ出る思想を口述して写字生に書き取らせたが、その言葉は当時そのまま出版された、と言っている。セネカは数多くの著作をこの世に遺し、しかもそのほとんどが現存していて、近代以降の多くの思想家たちに深い影響を及ぼした。セネカは偽善者であったのか、あるいは後代の人びとの心に刻まれたような深遠な思想を持った哲人であったのか。それを知るすべは彼が残した著作を読むしかないだろう。政治家としてのセネカにはこれほど多くの歴史料がありながら、哲学者としてのセネカは一個の謎である。読者は彼の著作を丹念に読むことで、自分のセネカ像を築く。これしかないのだ。

三　セネカを読む

手からこぼれていく時間を守れ

セネカが実質的に政界を離れ、隠遁生活に入ると、堰《せき》を切ったようにおびただしい著作を著すが、セネカより数歳年下のユニオル・ルキリウス（シチリア島の属州管理官）のために書かれたものが多い。『摂理について』『自然学研究』がそうであるが、さらに膨大な書簡が残されている。後者はラテン語で *Epistulae Morales ad Lucilium* と言い、『ルキリウス宛ての倫理書簡』の意味であるが、普通は『倫理書簡集』の表題で紹介されることが多い。言うまでもなくこれらは私的なものではなく、一般に読まれることを前もって想定した公開書簡であるが、一二四通に及び、制作年代は最晩年の六五年頃である。すべての書簡が“Seneca Lucilio suo salutem”（セネカがルキリウスに挨拶する）で書き始められ、“Vale”（ご機嫌よう）で終結する。おおまかに言えば、いかにしてストア学徒であるべきかを述べたものだと言えるが、その助言は当時のローマの日常生活の細部にまで及んでいる。ここにそのいくつかを紹介しよう。セネカの著作はすべて翻訳があるが、ここで紹介する言葉はすべて筆者の訳による。セネカの言葉には名言が多いので、重要なものはラテン語の原文も添えておきたい。
まず、『倫理書簡集』の巻頭書簡においてセネカがルキリウスに勧めているのは、時を惜しめということである。

ルキリウスよ、あらゆるものは他なるものであるが、時間だけはわれわれのものである。(Omnia, Lucili, aliena sunt, tempus tantum nostrum est.)(『倫理書簡集』1, 3)

これはセネカの有名な言葉のひとつである。すべてのものは自分が所有するものではないが、自分がその中に置かれた時間だけは自分のものである。詩人のウェルギリウスに「時は逃れ取り戻せない」(『農耕詩』III 284)という言葉があるように、時間はまたたく間に過ぎ去っていく。セネカ自身の言葉では、「人生の大部分は道にはずれたことをしている間に、最大の部分はなにもしない間に、そして全人生は余計なことをしている間に、手からこぼれ落ちてしまう」(『倫理書簡集』1, 2)というものだが、時間が自分のものであるからこそ、手からこぼれていく時間を守らねばならないと諭す。時間がない、時間がないと言ってこぼす人が多いが、それは間違いだとセネカは考える。別の作品では、医師のヒッポクラテスの言葉である「人生は短く、技術は永《なが》い(Vita brevis, longa ars)」(元の原文はギリシア語、「技術」は学問一般を指し、芸術と訳すのは誤り)を引きながら、
わずかしか時間がないのではなく、むしろ多くの時間を浪費しているのだ。(Non exiguum temporis

habemus, sed multum perdimus.)（『人生の短さについて』I 3）

と述べている。時間が短いと嘆いてはならない。むしろ自分の時間をいかに過ごすかである。逆に、無駄な時間をどれだけ長く生きても意味がないのだ。右に挙げた『人生の短さについて』という美しい短篇では、人は財産を守ることには貪欲であるが、時間を使うことにおいては非常な浪費家だと言っている。人が持っている時間というのは、自分でこれだけあると数えているよりも、実際にはずっと少ないのだ。

君たちは永久に生きられるかのように生きている。（Tamquam semper victuri vivitis.）（『人生の短さについて』III 4）

無為に過ごした八〇年は何の役に立つというのだろうか。その人は生きたのではなく、人生をためらっていたのだ。死ぬのが遅かったのではなく、長い間死んでいたのだ。（Quid illum octoginta anni iuvant per inertiam exacti? non vixit iste sed in vita moratus est, nec sero mortuus est, sed diu.）（『倫理書簡集』93, 3）

人は長命を願う。しかし、セネカによれば長命そのことに大切な意味があるわけではない。無為に過ごすことは死に等しいからである。

老年

老年論と言うと、キケロの『老年について』がよく知られているが、その嚆矢とすべきはプラトンの『国家』においてケパロスが語る老年談義であろう。「老いの閾《しきい》に立つ」という言葉がギリシアに古くからあって、老いにさしかかったとき人はどのように生きればよいのかを語っている。しかし、一般には老年は厭わしいものである。キュニコス派の哲学者メトロクレス（前四世紀後半）は、「老年は人生の冬だ」（ストバイオス『精華集』IV 50b）と言っているし、ローマの喜劇詩人テレンティウスの劇では、「老年はそれ自体が病気だ」（『ポリュミオ』575）という台詞がみえる。セネカもまた老年を「治療法のない病気」（『倫理書簡集』108, 28）と表現しているが、その老年も過ごし方がわかりさえすればかえって楽しいものだと言う。『倫理書簡集』の第一二書簡は老年を問題にしているが、「お互い老年を大事に慈《いつく》しもうではないか。使い方さえわかっておれば、楽しいものだ。果物は腐りかけが一番美味しいし、少年期は終わる頃が一番美しく、酒飲みには最後の一杯が一番旨いものだ」（『倫理書簡集』12, 4）と言う。最後の一杯であれば、これを美味しく飲むのにしくはない。

もし神が明日を加えてくださるなら、喜んで迎えよう。明日を不安なしに待つ人が最も幸福な人であり、みずからを平静に保つ人である。「私は生きた」と言った者は誰でも、毎朝儲けものをして起きるわけである。（Crastinum si adiecerit deus, laeti recipiamus. Ille beatissimus est et securus sui possessor qui crastinum sine sollicitudine expectat; quisquis dixit 'vixi' cotidie ad lucrum surgit.）（同所 9）

「存在について」という内容で、妙に小むずかしい哲学用語の詮索をしているのが第五八書簡だが、そこにも老年への言及があって、人生最後の年月を無為に送る人間が、酒甕を飲み尽くして、最後の滓《おり》まで懸命に啜《すす》っている者に喩えられている。人生の終わりを滓にするかどうか、それはその人の生き方にかかっている。「早く死ぬことの危険よりも、不幸に生きる危険のほうが大きいから、わずかな時間の代価を大きな利得のほうに賭けない人は愚かである」（『倫理書簡集』58, 34）。

私たちは日々死につつある

私たちが老年を厭うのは、死が間近に迫っていると考えるからである。しかしながら、老年に限らず、私たちが日々死につつあることを自覚しつつ、生きることの大切さを考えることはセネカの、と言うよりもストア哲学の重要な思想である。このことをセネカはヘラクレイトスの「私たちは同じ河に入り、また入らない」という言葉を取り上げて説明する。これはヘラクレイトスの断片「同じ川に二度入ることはできない」（断片91）を踏まえたものであるが、通常は変化の中にも統一性がみられるという意味に解釈されることが多いが、セネカの理解はこれとは違っている。川の流れは瞬時も留まることなく流れゆくが、人間の場合には川の流れほど明確ではないにしても、その一瞬一瞬が死である（『倫理書簡集』58, 23）。別の書簡では、より端的に「私たちは日々死につつある」（cotidie morimur）（『倫理書簡集』24, 19）という表現を用いている。つまり、生きることは同時に死につつあるわけで、最後に大きな結末を迎えるということにすぎない。とすれば、無駄に長命を望むよりも、できるだけ満足のいく生を生きるほうがよい。

どうせ出ていかねばならぬ所から早く出ていこうが、遅く出ていこうがなんの違いがあるのか。われわれは長く生きるためではなく、満足のいく生を送るために思い悩むのでなければならない。（Quid autem interest quam cito exeas unde utique exeundum est? Non ut diu vivamus curandum est, sed ut satis.)（『倫理書簡集』93, 2）

これと同じ思想は、『心の平静について』においては次のように語られている。

生よりもむしろ死を選ぶ。死ぬ前に生者の数の内から出ていくことが最大の悪なのだ。（malle esse se mortuum quam vivere: ultimum malorum est e vivorum numero exire antequam moriaris.）（『心の平静について』V 5）

こちらは少しわかりにくい表現をしているが、死の前に生者の数の内から出ていくというのは、死人のように生きることを言っている。生者でありながら死者のように生きるのなら、私はむしろ死を選びたい、ということである。ただし、しばしば誤解されるが、これは自殺の勧めではない（この点については、エピクテトスに関する章で述べる）。

西洋でも東洋でも死を慨嘆する言葉は多い。中国唐代の詩人劉希夷《りゅうきい》作「公子行」の末尾は、「百年同謝西山日、千秋萬古北邙塵（百年同じく謝す西山の日、千秋萬古北邙《ほくぼう》の塵）」の言葉で落着するが、たとえ長命しても、西山に落ちる陽のごとく死して、未来永劫に洛陽の北邙山にある墳墓の塵と化すという意味である。生前にどれほどの栄華を享受していても、死はいっさいを帳消しにする。西洋の古典でみると、「神々によってすべての人間に定められたことなのです。必ず人は死ぬのです」（エウリピデス『アンドロマケ』1270）というヘクトルの妻アンドロマケの言葉がある。人間が必ず死ぬのであれば、死を嘆いても仕方がないという思いは、身近な人を亡くした者にとっての慰めとなるだろう。人間本来無一物とまで達観せずとも、「生まれる前にわれわれが所有していたものがなにもないように、死後においてもわれわれが所有するものはなにもない」（キケロ『トゥスクルム荘対談集』第一巻三八・九一）という思いを抱くことは誰にとっても重要である。死が避けられないとすれば、今の生をどう生きるかが重大な問題となる。禅には「生死事大《しょうじじだい》、光陰惜しむべし、無常迅速、時は人を待たず」という言葉があるが、死を正視しつつ、その時その時生きるというのは、私たちが生きる上での大切な知恵となってくる。西洋にもメメントー・モリー（memento mori）という言葉があるが、「死を忘れるな」という意味である。

『倫理書簡集』の第四は「死の恐怖」について述べている。

> 大多数の人間は、死の恐怖と生の苦悩の間を哀れにも揺れ動き、生きることを望まないが、死ぬこともわかっていないのである。（Plerique inter mortis metum et vitae tormenta miseri fluctuantur et vivere nolunt, mori nesciunt.）（『倫理書簡集』IV 5）

しかし、とセネカは説く、最も大切なのはそうした不安を取り除くことである。そして、できるだけ人生を快適なものにすることである。このことは別の作品では少し逆説的な言い方で次のように述べられている。

> 生きることは全生涯をかけて学ぶべきことである。そして、おそらくこれ以上に怪訝《けげん》に思われるであろうが、全生涯をかけて学ぶべきことは死ぬことである。（Vivere totavita discendum est et, quod magis

fortasse miraberis, tota vita discendum est mori.)（『人生の短さについて』VII 3)

生きることを学ぶのはむずかしい。しかし、結局生きることを学ぶとは、死ぬことを学ぶということに他ならない。言うまでもなく、これはソクラテスが死を前にしておこなわれた対話において言った「死の練習」（プラトン『パイドン』81A）を踏まえる。ソクラテスは哲学をするということは死を練習することだと言ったが、しかし同時にソクラテスは自殺が許されないことも述べている。つまり、死ぬことを学ぶとは安易にみずからを死に至らしめるということではないのである。セネカもこれと同じ立場に立っている。たえず死を意識しながら日々の生活を送る。そうしたなかで心の平静も得られる。つまりは、死を忘れるなということである。

どこにでもいる人はどこにもいない

しかしながら、私たちは人生を無為に過ごすべきでないとすれば、自分の時間をどのようにして過ごすべきなのか。どれほど長生きをしようとも、そこでなにもすることがなければ、かえって苦痛となろう。これに対して、セネカは言う、それはつねになにかを学ぶことである。

閑暇は学びがなければ死に等しく、生ける人間の墓場でしかない。(Otium sine litteris mors est et hominis vivi sepulture.)（『倫理書簡集』82, 3)

なにかを学ぶためには先人の書を読まなければならないが、セネカはその著作の中で実に多くの人に言及している。政治家あり、詩人あり、哲学者ありで、ギリシア・ローマのあらゆる書物を渉猟しているようにみえる。実に博識であり、多読家である。しかし、そのセネカは多読の弊害をつねに諫《いさ》める。第二書簡では散漫な読書を避けよと言っている。多くの著者、あらゆる種類の書物を繙くことは、かえって心を不安定にするからである。

どこにでもいる人はどこにもいない。旅に人生を送る人たちは、多くの歓待を受けるが、友情を結ぶことはひとつもない。(Nusquam est qui ubique est. Vitam in peregrinatione exigentibus hoc evenit, ut multa hospitia habeant, nullas amicitias.)

(『倫理書簡集』2, 2)

たくさんの書物を読むだけでは、あらゆる所にいても、その場所はけっして自分の心の中心になることはない。それはちょうど病気にあってたえず薬を替えるようなことであって、貼り薬をいろいろ替えてばかりいては傷口がふさがらないし、植木も何度も移植していては大きくならないのと同様である(同所3)。ではどうすればよいのか。あらゆる本を読むことができない以上は、自分が読むことができるだけの本を持っていればよい。それらをできるだけ丹念に読むことである。

哲学

セネカには哲学への言及が非常に多い。現代では大学に専門の哲学研究者たちがいるが、そもそも哲学という専門は存在しないのであって、もともとの哲学の語義は知を愛する(philo＋sophia)ということであるから、なにかを学び知ろうとすればそれは哲学なのであった。もちろんセネカがここで言う哲学は、もう少し限定された意味を持っており、存在や世界について、あるいは人の生き方について問題にする哲学のことで、私たちが今日哲学について考えているものに近いと言えるだろう。しかし、これは哲学の専門家がするというものではなく、誰でもこのような思考をすれば、哲学をしているわけである。

セネカの哲学はストア派を基礎にしているが、ストア派とは対立していた快楽主義者のエピクロスへの言及などもあって、しかも必ずしも批判的ではなく（その点では、ギリシアの哲学者とは対照的であった）、その名言名句を積極的に受け容れている。また、ソクラテス、プラトン、アリストテレスへの言及も多い。先に引用したが、

> われわれは長く生きるためではなく、満足のいく生を送るために思い悩むのでなければならない。（Non ut diu vivamus curandum est, sed ut satis.）（『倫理書簡集』93, 2）

という言葉は、言うまでもなくプラトンの『クリトン』（48B）の「大切にしなければならないのは、ただ生きることではなく、よく生きることである」というソクラテスの言葉を踏まえている。アリストテレスでは例えば、「すべての技術は自然の模倣である」（『倫理書簡集』65, 3）などが挙げられるだろう。これはアリストテレス『自然学』（194a21—22）の言葉をそのまま用いたものである。このようにセネカの哲学は特に独創的と言えるものはあまりなく、多くの先人たちの言葉を援用しつつ、自分の考えをまとめているにすぎないとも言える。セネカの哲学の特徴としては、当時のローマ人の

趣向に似て、哲学に対しては理論的であるよりは実践的な関心が高いことがある。

哲学が教えるのは行動することであって、語ることではない。（Facere docet philosophia, non dicere.）（『倫理書簡集』20, 2）

セネカは言論を弄《もてあそ》ぶような哲学の徒を嫌った。哲学は哲学の研究者のためというよりは、一般の人が誰であっても自分の行動の指針とするためのものであった。その意味では、哲学はあらゆる人に門戸を開いている。

もし哲学になにか善いことがあるとすれば、家柄を問わないことだ。（Si quid est aliud in philosophia boni, hoc est, quod stemma non inspicit.）（『倫理書簡集』44, 1）

後の章において述べるように、エピクテトスはもともと奴隷の子であったし、マルクス・アウレリウスはローマ皇帝であった。今日では哲学の研究は大学の専門教師の手の内にあるが、もともと哲学は人を選ぶものではないし、場所も選ばない。誰でもその気持ちさえあれば、哲学することができるのである。

怒りについて

セネカの『怒りについて』は、自分の兄であるノウァトゥス（ガッリオ）のために書かれたもので、

『恩恵について』に次ぐ長篇である。怒りについては、プラトンが『国家』において魂（心）を三つの部分に分けて、理性と欲望の中間に位置するものとして考察をおこなっているが、これを主題として扱った論考はセネカがはじめてだと言える。少し遅れてだが、プルタルコス（四六／四八頃〜一二七頃）が『怒りを抑えることについて』を書いている。「怒りは思慮ある者でも煽って逆上させ、したたり落ちる蜂蜜よりもはるかに甘く、人びとの胸の内で煙のごとく充満する」（ホメロス『イリアス』XVIII 108）は、怒りの本質に関する最も古い言及であり、後代の哲学者がしばしば引用する。プラトンやアリストテレスは怒りの効用を認めており、中世のスコラ学者トマス・アクィナスの『神学大全』を読んでも、怒りは時には必要なものとして語られており、これはアリストテレスの影響によるものだと考えられる。他方、セネカやプルタルコスは全面否定に近く、怒りは否定し克服されるべきものとして考えられている。セネカはアリストテレスの今日では失われてしまった対話篇『政治家』から引用する（アリストテレスの作品はギリシア語で書かれているが、これをセネカはラテン語に翻訳している）。

怒りは必要なものである。怒りがなければ、怒りが心に満ちあふれ気概に火をつけるのでなければ、なにごとも打ち破ることができない。ただし、怒りを指揮官としてではなく、兵士として扱わねばならない。（アリストテレス）（セネカ『怒りについて』I 9, 2）

しかし、これは嘘だとセネカは言う。なぜなら、怒りが理性の言うことに聞きしたがうとすれば、それはもはや怒りではないからである。アリストテレスの喩えを援用するならば、怒りは心の無用な従者であって、指揮官の合図を無視する兵士のようなものである（『怒りについて』同所）。

セネカは同書の第二巻において、他人の過《あやま》ちについて憤ることを問題にしているので、これも合わせて紹介しておこう。ここでセネカは、例えば、息子の宴会がつつがなくおこなわれているのに、息子よりずっと不品行な父親がその宴会のことを叱ったり、あるいは自分の贅沢にはいっこうに意に介さないのに、他人の贅沢を怒ったりするようなことを挙げているが、こんなことは私たちの日常においてよくあることだとしながらも、セネカは次のように諌めている。

なにごとにつけわれわれが公平な審判者であろうと欲するならば、われわれのうち誰ひとりとして過たない者はいない、ということをまずは肝に銘じなければならない。（Si volumus aequi rerum omnium iudices esse, hoc primum nobis persuadeamus, neminem nostrum esse sine culpa.）（『怒りについて』II 28, 1）

私たちは「他人の欠点は気にかかるが、自分の欠点には背を向ける（Aliena vitia in oculis habemus, a tergo nostra sunt）」（『怒りについて』同所 8）ものである。しかし、その時には自分に向かってこう諭すのがいい、とセネカは言う。「私たちはこのような罪を犯したことがなかっただろうか？　同じ過ちを犯さなかっただろうか？　このような判決を下すのは当を得たことだろうか？」（『怒りについて』同所 8）

「罪を憎んで人を憎まず」という言葉がある。一般にはキリスト教の精神（“Love the sinner, hate the sin” という言葉がある）を代表するものとされ、「ヨハネによる福音書」(8) をしばしば典拠として引用するが、むしろ中国の『孔叢子《くぞうし》』（孔子の子孫である孔鮒《こうふ》の作とされる）の「刑論第四」にある「古之聴訟者、悪其意、不悪其人（古《いにしえ》の訟を聴く者は其《そ》の意を悪《にく》みて其の人を悪まず）」が言葉としてはより近い。それはともかくとして、セネカも同様の発言をしていることはもっと知られてよいだろう。

優れた裁判官は不正を罰するが、それを憎むことはない。（Bonus iudex damnat inprobanda, non odit.）（『怒りについて』I 16, 6）

それでは、私たちは怒りの感情を覚えるとき、どのようにすればよいのか。これについてセネカは次のように勧めている。

怒りに対する最大の対処法は猶予を置くことである。（Maximum remedium irae mora est.）（『怒りについて』II 29, 1）

運と運命

運と運命は同じではない。英語では運は fortune であり、運命は destiny とか fate とか言う。運は時によって変わるが、運命は前もって定められたもの、決められたものということで、これは変えることができない。ラテン語では前者がフォルトゥーナ（fortuna）であり、後者はファートゥム（fatum）である。両者は厳密に区別されているとは言えないが、例えば、ローマの喜劇作家プラウトゥスの劇に、「運（フォルトゥーナ）というものはまたたく間に転変し、人生もころころ変わる」（『トルクレントゥス』219）という台詞があるように、運は時によって驚くべき変化を遂げる。一方で、運命は変わることのないものである。ギリシア語では運命は「ヘイマルメネー」と言うが、一〇〇年頃のアエティオスという学者が、ストア派の運命についてこう説明している。「ストア派は運命の本質を、もろもろの原因の連鎖、すなわち、踏み外すことのない順序と連鎖であると考えている」（『学説史』I 28. 4＝『初期ストア派断片集』II 917）。すべては運命によって起こる（DL VII 149 およびキケロ『運命について』15. 33）が、人はその運命を変えることはできない。運命について古代のギリシア人が抱いたイメージは、運命の三女神によって定められるというものである。ラケシスという女神は各人に定められた運命を引き当て（ギリシア語の「ラケイン」は引き当てるという意味）、クロトという女神が人の生にその運命を紡ぎ合わせ（紡ぎ合わせるという意味の「シュンクロースタイ」から）、そして最後に、アトロポスという女神はこれを変えることのできないものにする（「アトロポス」とは変更不能のこと）。このイメージはプラトンの『国家』の巻末の神話などいろいろな所に出てくる。

セネカに『マルキアへの慰めの手紙』がある。マルキアは初代皇帝アウグストゥスの后リウィアの親友であったが、二〇歳を迎えたばかりの前途有望な息子メティリウスを亡くす。彼女の悲嘆は深く、いつまでも立ち直ることができなかったため、セネカが彼女に書き送った書簡が本書である。その中でセネカはストア派の運命論に基づいた説得を試みている。まず、当時流布していたプブリリウス・シュルスの格言的な台詞集から引用する。この書は今日でも現存するが、共和制末期のミームス（物真似劇）作家が残したこの台詞集は、機知に富み大いに人気を博していた。「言葉は心を映す鏡。話は人間のありよう次第」、「議論が白熱すると真実が見失われる」、「性急な助言は後悔を生む」、「酔っ払いと争う人はその場にいない人を傷つける」など各一行ずつ記され、格言集の趣があるが、セネカはそのうちのひとつを引用している。

誰かに起こりうることは、誰にでも起こりうる。（Cuiuis potest accidere quod cuiquam potest.）（プブリリウス・シュルス）（『マルキアへの慰めの手紙』IX 5）

すなわち、運命によって起こる災いは誰にでも起こりうるということである。誰かが子供を亡くしたら、あなたも亡くすかもしれない。誰かが有罪を宣告されたならば、あなたの無罪も危ういかもしれない。しかも、よくよく考えてみると、自分が所有していると思っているもの、例えば、子供でも、名誉でも、財産でも、なんであれそうしたものは一時的に自分に貸しあたえられたものでしかないのだ。人生を舞台とすれば、それらは舞台を飾るために貸し出されたもので、いずれは持ち主に返さねばならない、と考えるべきである（『マルキアへの慰めの手紙』X 1）。

要するに、人間の生まれも容姿も財産も自分の意志によって得られたものではなく、いずれは返却を求められる。さすれば、人は心の満足を得るためには、自分からありのままのそれらを肯定し満足するのでなければならない。

運命は望む者を導き、望まぬ者を引きずっていく。（Ducunt volentem fata, nolentem trahunt.）（『倫理書簡集』107, 11）

しかしながら、ストア派の運命論は困難な問題を含んでいるのがおわかりだろうか。もし私たちのあらゆる行動が運命によって定められているとすれば、私たちには厳密な意味での自由が存在しないことになるだろう。すでにクリュシッポスが「運命」と「必然性」を同一のものとみなしていたが（アエティオス『学説史』I 27, 2 = 『初期ストア派断片集』II 916）、この世に起きることのすべてが必然的な因果の連鎖によってあらかじめ決められていたのだとすると、私たちが自由に行動したつもりでも、その行動は実際にはそれ以外の可能性がなかったということになるので、厳密な意味での自由はなかったことになる。この問題はすでにプラトンが『国家』において論じており、初期のストア派の哲学者の多くが『運命について』という論考を著しているところを見ても、哲学において重要な問題であったことがわかる。カントが『純粋理性批判』の中で、超越論的理念の第三アンチノミー（二律背反、つまり自己矛盾）として論じたのもこの問題であった。

ただ重要なのは、そうした運命のような存在が本当にあるのかどうかよりも、そうしたことを前提とした場合に、人間はどのように対処すればよいかを考えることであろう。私たちの関心もむしろそちらのほうに向けられている。運命はストア派が扱った重要なテーマであるため、後の章においてもまた登場することになる。

セネカの知恵

以上の他にも、セネカの重要な思想とすべきものは多い。ここではそのいくつかを取り出して、最後に紹介しておこう。先に「ニール・アドミーラーリー（なにごとにも驚かない）」という言葉を取り上げたが、この言葉ほどストア派の立場を表しているものはない。ストアの知恵のひとつに、なにごとであれ前もってネガティブに考えておけというのがある。これについては次章のエピクテトスでも触れるが、それはどのような意味であろうか？　例えば、試験の合否である。合格したはずだと思っていて、実際には不合格であれば落胆は大きい。しかしそうすると、前もって不合格を予想しておけばよいのだろうか。そのほうが打撃は少なかろう。けれども、ストア派が言っているのは、なんであれ自分の思うようにはいかないものだ、と考えておけというようなことではなかった。セネカに次のような一節がある。

どんなことでも予期している者にはその分だけ打撃は少ない。（Omnia leviora accident expectantibus.）
（『賢者の不動心について』XIX 3）

この言葉が示すのは、試験について最悪の結果を予想するようなことではない。先の『マルキアへの慰めの手紙』がこのような状況についての考えるべき例をあたえている。マルキアは息子が亡くなった後あいかわらず悲しみに打ちひしがれていた。これに対するセネカの助言は、これから後もこうした悲しみに捉われていてはいけない、というものであった。その理由は、人間にあたえられたものはいつか返却を義務づけられた一時的な借り物でしかないからであった。子供であれ、なんであれ、そのものが永久に自分のものであるという約束はまったくないのだ。このようにストアの知恵が教えるのは、自分の所有するものがいつまでも自分のものではないことを自覚せよということなのである。そのものを慈しむことを否定しているわけではない。愛しい者と親しく交わるのはそれでよい。しかし、その交わりにはいつか終わりが来ることをつねに考えよ、ということなのである。

このほかにも、セネカの名言名句を並べてみよう。「偉大な天才で多少の狂気を持たない者はいなかった」（『心の平静について』XXX 10）はアリストテレスの『問題集』（XXX 1）から着想を得て述べたものである。セネカの悲劇は近代の劇に大きな影響をあたえたが、その中にも紹介しておきたい言葉がある。「法が禁じなくても、羞恥の気持ちがそうすることを禁じている」（『トロイアの女たち』334）、「心を恥知らずにするのは、置かれた状況ではなく、その人の性癖だ」（『パエドラ』735）というのがそうした例になるだろう。「一度も不幸な目に遭わなかった者ほど不幸な者はない」（『摂理について』III 3）はキュニコス派のデメトリオスの言葉を引いたものだが、試練を受けることのなかった人は運命に打ち勝つことができず、それだけ不幸であるという意味である。「君が自分の奴隷と呼んでいる者が、同じ源から生まれ、同じ天を戴き、同じように呼吸し、同じように生き、同じように死ぬのだということを考えてほしい」（『倫理書簡集』47, 10）という言葉があるが、奴隷は家財道具のひとつだと考えられていた時代にこの発言は注目されるであろう。

セネカのコスモポリタニズム（世界市民思想）を示す言葉としては、「私はこの片隅だけに生まれたのではない。この世界の全体が私の祖国だ」（『倫理書簡集』28, 5）が重要である。「過失のない時代などないのだ」（『倫理書簡集』97, 4）という言葉は、古来の習慣に反するとか、贅沢だとか言って自分が生きている時代を非難するのは間違っていて、このように嘆くのは人間の悪癖であるが、けっして時代のせいではないのだ、という意味である。『怒りについて』は表題がテーマだと思って読んでいると、「他人の持ちものを見ると、誰でも自分の持ちものが気に入らなくなる」（『怒りについて』III 31, 1）のように人の所有に関する名言に出くわすことになる。

友人についてはこんな発言もある。「すべての人と友人になるのは骨の折れることだ。むしろ、彼らを敵に回さないことで十分だ」（『倫理書簡集』14, 7）。また、セネカは巨万の富を築いたが、その日常はつましいものであったとタキトゥスは伝えている。「贅沢を避けよ、心を軟弱にする幸福を避けよ。心は幸福に酔いしれ、もしも人の運命に気づかせるような出来事が起きるのでなければ、あたかも永遠の酩酊に昏睡するがままに留まる」（『摂理について』IV 9）は、言葉だけのものとは思われない。休息については次のような言葉が目を引く。「自然は君に言うだろう。『私は昼と夜を作った』と」（『倫理書簡集』3, 6）。これは休んでいる者には行動が、行動している者には休息が必要であり、よい仕事のためには両方が必要だという意味である。犯罪に関しては、「すべての犯罪は、たとえそれが遂行される以前でも、犯意が十分にあるのであれば、すでにやり遂げられたのである」（『賢者の不動心について』VII 4）という言葉が注目されよう。

以上、セネカの著作から思いつくままに興味深い言葉を引用したが、近代以降だけでなく、すでに古代において、セネカの書物は愛読されていた。そのために、セネカの名をつけた偽書まで現れている。『運命の対処法（*De remediis fortuitorum*）』などはそのひとつである。今日では偽セネカに分類されるが、著者は不明である。この中にも、「他人が幸福だと思う人ではなく、自分で自分を幸福と思える人こそ幸福である」（『運命の対処法』16,10）というような面白い言葉がある。『習慣について（*De Moribus*）』も誤ってセネカに帰されていた。「罪で罪をあがなうべからず」（Nunquam scelus scelere vincendum est）（『習慣について』139）も興味深い言葉だが、残念ながらセネカのものではない。

セネカの同時代の評価を知るためには、修辞学者のクインティリアヌス（三〇頃〜一〇〇頃）が残した『弁論家の教育』が参考になる。彼は時代的に重なっているだけでなく、当時は若者たちが自由にセネカの書物を手にすることができた、と証言している（『弁論家の教育』X 1, 126）。つまり、同時代にすでにセネカがよく読まれていたことを示しているのであるが、クインティリアヌスの態度はより慎重であり、読者に注意して読むことを勧めているのが注目される。

セネカはほとんどすべての研究の材料を扱った。彼の弁論集、詩、書簡集、対話篇が流布しているからである。哲学においては、あまり入念な仕事とは言えないが、それでも悪徳を追及する者として際立っている。彼には数多くの輝かしい警句があり、また徳性のために読まれるべき数多くのものがあるが、文体については多くは壊れており、それが人を惹きつけてしまうような欠点が多いだけに、きわめて有害である。（『弁論家の教育』X 1, 129）

クインティリアヌスがセネカの作品としている弁論集や詩は今日に伝わっていないが、彼が否定的な評価を下しているのは、その文体に関してであり、その前の箇所で言及しているギリシアの作家たちに比べれば、見劣りするというだけのことである。逆に、その哲学に関しては評価されるべきものとみている。クインティリアヌスと対照的に、高評価を下しているのは博物学者であり著述家であるプリニウス（二三～七九）である。大著『博物誌』の一節において、セネカを「学識ある人びとのうちでの第一人者」（『博物誌』XIV 51）と呼んでいる。このように同時代においてもセネカの評価は分かれていたのである。

セネカはネロの教育係になることによってこの上ない栄達を手にした。このことはセネカにとって幸運の始まりであり、同時に不運の始まりでもあった。そのセネカが晩年においてこれまで獲得した財の返還をし、政界から引退することを申し出たが正式には許されなかった。しかしそれでもネロから離れた後はおびただしい著作を残し、しかも、その多くが現存している。そこから何を学ぶことができるのか。それは私たち自身が決めることである。

第五章　奴隷の出自を持つ哲人――エピクテトス

一　その時代

ネロの死

セネカは六五年四月にネロの命令で自死したが、ネロによる暴政は続き、キリスト教徒のペトロ（初代教皇）がローマで殉教したのもこの頃である。ネロは四年に一度開かれていたギリシアのオリュンピア祭（古代オリンピック）に対抗して、五年に一度のネロ祭を創始する。ネロ祭は音楽、体育競技、戦車競技の三部門からなり、ネロ自身が競技に参加したりしている。ネロはみずから詩人を気取り、ローマのポンペイユス劇場において独唱会を開いたりした。しかしその後、六八年三月に属州ガリア・ルグドゥネンシス（現在の都市リヨンがある地方）の総督をしていたガイウス・ユリウス・ウィンデクスがネロに対して反旗をひるがえす。ウィンデクスは支持を得るために、属州ヒスパニア・タラコネンシス（現在のスペイン東部）の総督セルウィウス・スルピキウス・ガルバを次代皇帝に推挙する。そこで、ガルバは皇帝宣言をおこなうが、ウィンデクスの反乱はまもなく鎮圧されてしまう。反乱軍を鎮圧したのは属州高地ゲルマニアの総督であったウェルギニウス・ルフスであったが、彼自身には新皇帝になる野望がないのを見ると、ガルバは軍団を率いて首都を目指した。元老院はこのような情勢からネロを見限り、人心もネロから離れてしまった。

危険を察知したネロは、わずかの従者とともにローマ郊外にあった別荘に隠れた。この従者は別荘の持ち主であったパオンのほか、ネオピュトゥス、スポルス、エパプロディトスの三人がいた。元老院がネロを国賊とする宣言をしたという報せが入ると、ネロは自分のための墓穴を掘らせるが、その時に「なんというすばらしい芸術家が滅びることか（Qualis artifex pereo）」と呟いたと、スエトニウス（『ローマ皇帝伝』「ネロ伝」VI 49）が伝えている。そのうち騎兵隊が近づく音が聞こえると、ネロは震え声で「足速き馬の蹄《ひづめ》の音がわが耳を打つ」（ホメロス『イリアス』X 535）と呟くと、剣で喉を突き刺し、解放奴隷のエパプロディトスが介錯《かいしゃく》をしてやった。このエパプロディトスがエピクテトスの主人であり、ネロの自害を幇助《ほうじょ》したかどで二七年後に処刑されることになる。

四皇帝の年

ネロの死によって、名門ユリウス・クラウディウス家の血脈は断たれることになった。ネロの死後は、四人の皇帝が同じ年に次々と登場する。そのために、世界史では六九年は「四皇帝の年」と呼ばれている。最初のガルバは、正確には六八年一〇月にローマに入城し、第六代ローマ皇帝として即位しているが、その強欲な性格のゆえにたちまち人心を失い、とりわけ十分な報奨金をあたえなかったために軍隊もガルバから離反するようになった。その気に乗じて、謀反《むほん》を企てたのがオトー（マルクス・サルウィウス・オトー）である。オトーはネロと男色関係にあり、その求めに応じて、妻のポッパエア・サビナをネロに譲った人物である。軍隊がガルバから離反したのを知ると、近衛軍と組んでガルバを謀殺し、新皇帝となった。六九年一月一五日のことであった。しかしながら、属州ゲルマニアの駐留軍が指揮官のアウルス・ウィテッリウスを新皇帝として擁立し、ローマを目指して南下してくると、オトーはこれに対抗すべく軍隊を推し進め、北部イタリアのベトリアクムの近郊で激突する。その時ウィテッリウスはいったん講和するかにみせかけてオトーを欺いたために、オトー軍は敗北を喫する。まだ味方の軍は残っていたが、オトーはもはやこれまでと観念し、剣の上に身を投じて自害した。同年四月一四日のことであり、オトーの統治はわずか三カ月で終わりを告げた。

次のウィテッリウスの支配も短命であった。軍団を率いてローマに入城すると、強力な軍事力の前にやむなく元老院は帝位を認めたが、ティトゥス・フラウィウス・ウェスパシアヌスが属州であったシリア、エジプト、さらにユダヤへと次々に勢力をのばし始め、ウェスパシアヌスを支持する軍人マルクス・アントニウス・プリムスがイタリアに侵攻してきた。そして、ローマがアントニウス軍によって占領されると、ウィテッリウスは宮殿から引きずり出され、惨殺された。同年一二月二二日のことである。ウィテッリウスが皇帝であったのはたった八カ月のことであった。

ウェスパシアヌスはローマに入ると、元老院の協力を得て、統治を回復させ、第九代ローマ皇帝に即《つ》く。これによって四皇帝の年は終わり、以後はウェスパシアヌスが属するフラウィウス家の人びとが帝位を継承することになる。ウェスパシアヌス（在位、六九～七九）の後は、長男のティトゥス（在位、七九～八一）が継いだが、まもなく病死したために、次男のドミティアヌス（在位、八一～九六）が即位した。

ムソニウス・ルフス

皇帝が次々と交代する動乱の時代に生きた哲学者がガイウス・ムソニウス・ルフス（三〇頃～一〇

一頃）である。ルフス（ギリシア式の発音ではルーポス）は「赤ら顔」の意味の渾名である。わが国ではあまり知られていない哲学者だが、エピクテトスやディオン・クリュソストモスの師であり、ストア哲学の継承においてもきわめて重要な位置にある。ムソニウス・ルフスはイタリア北中部のエトルリア地方（現在のトスカーナに相当）の古代都市ウォルシニイの騎士階級の家に生まれた。クラウディウス帝の姪の孫にあたるルベッリウス・プラウトゥスと親しかったが、ネロの猜疑心のため、六〇年頃にプラウトゥスが小アジアへ追放されたとき、ムソニウス・ルフスもこれに付きしたがった。しかし、プラウトゥスが六二年にネロによって殺害されると、ローマに帰還する。ローマではストア派の哲学を講じていたが、六五年のピソによる陰謀事件が発覚したとき、関わったひとりとみなされ、エーゲ海南方のキュクラデス諸島のひとつギュアロス島（現在のイアロス島）に流される。

その後ガルバ帝の時にローマに帰還するが（六八年）、マルクス・アントニウス・プリムスが進軍してきたときには、ウィテッリウスのほうから送られた使節団のひとりにムソニウス・ルフスも入っていた（タキトゥス『同時代史』III 81）。彼はストア派の哲学を実践し、戦争の無益と平和の必要を説いたが、雑兵を相手にしての哲学論議は多くの者には噴飯物で、さらに多くの者には退屈であった、とこのタキトゥスは記している。けれども、当時のローマにおけるムソニウス・ルフスの評判は高く、七一年にウェスパシアヌス帝が哲学者らをローマから追放したときには、彼だけはローマに残ることを許されたという（ディオン・カッシオス『ローマ史』LXV 13）。しかし、その彼も七五年にはローマから追放され、再び帰還したのはウェスパシアヌス帝の没後（七九年）のことであった。

ムソニウス・ルフスはなにも書かなかったか、あるいは書いたが失われたかどちらかであろうが、よくはわからない。さらに、ムソニウス・ルフスに関する史料は少ないために、彼がストア派だということを疑う研究者もいる。しかし、『スーダ』という一〇世紀のビザンティン時代の古辞書があるが、そこでも彼はストア派だと言われているので、ここではタキトゥスとともにその記述にしたがっておきたい。今述べたように、いわゆる著作は残っていないのであるが、彼の言葉を集めたとされるものが二つある。ひとつはルキウスという名の人物が集めたとされるムソニウス・ルフスの談話である。これは同じくビザンティン時代のストバイオスが、息子のために古典作品を抜粋して作った『精華集』に含まれていて、二一の談話（以下『談論』と記す）が現存する。もうひとつのコレクションはポッリオという人が集めたものだが、残念ながら失われ、他の著作家による引用断片だけが今日に残っている。そのほとんどが箴言《しんげん》の体裁のもので、三二ほど残っているが、アウルス・ゲッリウスの『アッティカの夜』（V 1. IX 2. XVI 1）における引用がそうした例となる。その他に弟子のエピクテトスが彼の『語録』の中でしばしば言及している。後に述べるように、『語録』もエピクテトスの弟子が書いたものであって、エピクテトス自身の著作はなかったのである。こうした例はソクラテスをはじめ、古代の哲学者にはよくあったわけで、著名な哲人の話を聞いた人がそれをまとめて書き物にしたものが、後代に残っていくわけである。

ムソニウス・ルフスの残された言葉には、必ずしもストア派とは関係がなさそうなものがある。例えば、女性も哲学すべきことが論じられている。今日では当然のことであるが、人類はこの当然の事実に気づくのに非常な年月を要した。女性は男性と同じ感覚を有し、共通の身体をもっている。なによりも、私たちが善と悪を判断する理性を、女性は男性に劣らず持っている。であれば、女性が男性に劣らず哲学を学ぶのになんの不思議があるだろうか（『談論』4）。この男女が同じ能力を有するというのは、ストア派と言うよりも、むしろプラトン的な思想である。『国家』の理想国家論において、女性にも男性と同じ教育をあたえるべしという提案がされているが、当時としては珍奇な説として受け止められたのである。

彼はまた結婚生活の有益性に触れている。「結婚する男女が一緒になるのは、お互いと暮らしを共にして子供を作り、すべてのものを共同のものとみなして、お互いの間ではなにひとつ私的なものとすることなく、身体においてさえもそのような関係にあるようにするためである。……しかるに、男女が自分のことだけを考え、相手を気にかけることがなければ、あるいは一方がそのような気持ちになって、同じ家に住みながら心は他に向けられ、相手を思って心をひとつにすることを怠るならば、その共同生活は必ず崩壊し、共に住んではいても事態はうまくはいかず、ついにはお互いに離ればなれとなるか、あるいは一緒に住んではいても孤独よりもひどい状態に苦しむことになる」(『談論』13)。彼の『談論』は、このように結婚、育児などの家庭生活に触れることが多いところが目を引く。

日常の生活について清貧な暮らしを勧めていて、ストア派の生き方というよりも、キュニコス的な生を唱導しているような印象を受ける。ルフスの講義の様子については詳しいことはわからないが、彼の講義に出席したエピクテトスは、出席者は自分が先生によって非難されているかのような印象を受けたという。それほど出席者のそれぞれの欠点を皆の前で並べ立てながら話したものだ、と述懐している(エピクテトス『語録』III 23, 29)。エピクテトス研究で著名なボンヘッファー(Bonhöffer)は、「ルフスはエピクテトスの関心をキュニコス(犬儒派)に向けた」(*Die Ethik des Stoikers Epictet*, 1894, iv)と言っている。ルフスはキュニコスについて直接に論じているわけではないが、清貧の生を重んじたことが残された記録から明らかである。『語録』にしばしば現れるキュニコスの理想的な生き方はルフスをイメージしたものかもしれない。エピクテトスは当時のキュニコスの人たちには批判的な目を向けていたけれども、キュニコス派の始祖であるシノペのディオゲネスに敬意を抱いている（『語録』III 22）。そのイメージはルフスと重なるところがあったのではないかと思われる。いずれにしても、エピクテトスは師ルフスから哲学を学び、ルフスに哲学者の姿を見ていたわけである。

二　奴隷の哲学者エピクテトス

奴隷から哲学者に

おそらくローマの哲学者の中で最も印象深いのはエピクテトスではないかと思われる。身分は解放奴隷である。小アジアの南西部、エペソスから一六〇キロメートルほど東に行くと、ヒエラポリスという町があるが、そこに五五年頃に生まれ、一三六年頃まで生きたと考えられるが、セネカのような高名な政治家とは異なり、なにせ奴隷の身分であるから、その生涯についてはほとんどわからない。先にも挙げた辞書『スーダ』には、以下のように記されている。

エピクテトスは、プリュギアのヒエラポリスの出身の哲学者で、皇帝ネロの護衛兵のひとりエパプロディトスの奴隷であった。リューマチのため足に障害があったが、エペイロスのニコポリスに定住し、マルクス［・アウレリウス］・アントニヌス帝の頃まで生きた。この人はたくさん書いた。

古代世界における奴隷は、戦争捕虜が少なくなかったが、エピクテトスは奴隷の身分で生まれている。エピクテトス自身が自分を奴隷と呼んでいるだけでなく（『語録』I 9, 29 ; 19, 21）、ある碑文には「エピクタタス［ママ］は奴隷の母親から生まれた」（Schenkl, *Epictetus*, Editio Maior, vii）と記されているからである。もともと彼の名前も「後に所有した（エピ・クテートス）」という意味の形容詞でしかなく、牛馬や奴隷などと同様の所有物を意味していた。また、当時の詩歌を収録した『ギリシア詞華集』（VII 676）には詠み人知らずの歌として、

エピクテトス、奴隷の身に生まれ、体は不自由
イロスのごとく貧しかりしが、神々の友なりき

が収録されている。ギリシア語原文で「生まれ」は一人称単数であるから、「このわれは……」と自分のことを歌っていることになるが、もちろんエピクテトスの作ではない。右にイロスと言われているのが、ホメロスの作品に登場する乞食を指している。『ギリシア詞華集』の第七巻は死者を哀悼する目的の詩（いわゆるエピグラム）を集めたもので、ギリシア各地で収録されたものが、この巻に収録されたものだと考えられる（『ギリシア詞華集3』西洋古典叢書、京都大学学術出版会、に沓掛《くつかけ》良彦氏による詳しい説明がある）。したがって、右の詩はエピクテトスの墓碑に刻まれたものかもしれない。

先にも述べたが、エピクテトスを所有していた主人はエパプロディトスであった。彼自身がネロの解放奴隷であったが、ネロが自殺したときに、これを幇助した人物であり、ドミティアヌス帝の時代

エピクテトス（55頃～136頃）後代の人の手になる挿絵

になって幇助を理由に死刑宣告を受けて、九五年に処刑されている。エピクテトスは若い頃から足が不自由であった。『スーダ』辞典はリューマチのせいにしているが、他の史料ではエパプロディトスから虐待を受けたためと言われている（オリゲネス『ケルソス論駁』I 7）。一方、六世紀の新プラトン主義哲学者のシンプリキオスは、エピクテトスは子供の頃から足が不自由であったと述べているから（『エピクテトス「要録」注解』13）、はっきりした原因はわからない。またエパプロディトスが乱暴者であったというのがかつては定説であったが、現在ではこれを疑問視する研究者もいる。エピクテトスが奴隷の身分でありながら、哲学者ルフスの講義を聴くことを許可したのはこの主人であったからである。当時の奴隷は肉体労働だけでなく、知的労働にたずさわることも少なくなかったから（犬の哲学者のディオゲネスは知的労働を求められた奴隷であった）、主人が自分の奴隷に教育を受けさせることはけっして珍しいことではなかった。

エピクテトスは後に解放されるが、その時期についても明確なことはわからない。主人は九五年に処刑されているが、解放されたのは明らかにそれ以前である。古代ローマの解放奴隷は、土地を所有する権限をあたえられたし、その子供はローマ市民権を得ることもできた。ローマ人の名前は、個人名《プラエノーメン》、氏族名《ノーメン・ゲンティーレ》、家名《コグノーメン》からなるが、奴隷にはこのような名前はあたえられていない。しかし、解放後はそうした名前をもつこともできて、キケロが重用していた速記者のティロは、解放後には主人の名前をもらってマルクス・トゥッリウス・ティロを名のっている。ただし、エピクテトスは解放後はローマに長く滞在することはできなかっただろうと思われる。当代の皇帝はドミティアヌスであったが、彼がウェスパシアヌスの次男で、ティトゥス死去の跡を襲って帝位に即いたフラウィウス家最後の皇帝である。タキトゥスやプリニウスが描くところではきわめて残忍な性格の皇帝であり、キリスト教を迫害した（九五年）ことでも知られているが、ストア派の厳格な思想にも理解を示さず、イタリア全土からすべての哲学者を追放している（スエトニウス『ローマ皇帝伝』「ドミティアヌス伝」10）。哲学者の追放は二度にわたっておこなわれ、一度目が八九年頃、二度目が九三年頃である。ムソニウス・ルフスの弟子で、弁論家でその雄弁を称えられたディオン・クリュソストモス（「クリュソストモス」は黄金の口の意味で、彼の弁論の才能を称《たた》えた渾名）もそのひとりで、最初の追放においてローマを追われたが、彼がローマに帰還するのはドミティアヌス帝が亡くなり、新帝ネルウァが即位して後のことであった。エピクテトスは後のほうの追放でローマを逃れ、ギリシア本土の北西部エペイロス地方のニコポリスに移住する（ゲッリウス『アッティカの夜』XV 11）。そこで哲学の学校を創建すると、集まってきた若者たちを相手に哲学を講じることで残りの半生を過ごした。

　エピクテトスは生涯にわたって妻帯することはなかったが、結婚を否認したわけではなく、むしろこれを勧めている。この点ではストア派の立場を守っていると言えるだろう。ディオゲネス・ラエルティオスの『ギリシア哲学者列伝』によるならば、エピクロスは妻帯を禁じ、子供をもうけることを禁じていたという（DL X 119）。ただし、『ギリシア哲学者列伝』の当該の箇所は写本の読み方について、見解が分かれていて、むしろ妻帯や子作りを勧めたと読む解釈もあるのだが、少なくともエピクテトスはエピクロス派では禁じられていたとみなしている（例えば、『語録』III 7, 19）。政治の参加についても両者は対照的で、エピクロス派はこれを禁じ、ストア派はこれを妨げないとしている。したがって、解放奴隷の身となったエピクテトスが妻帯することにはなんの問題もなかったのであるが、あえて独身で通したということである。もっとも、シンプリキオスが伝えるところによると、エピクテトスは晩年まで長い間ひとりで暮らしていたが、友人のひとりが困窮のために子供を養うことができなかったので、エピクテトスはその子を自分の養子とし、そのためにひとりの女性を家に招き入れたという（『エピクテトス「要録」注解』116, 49—52）。ただし、その女性を妻にしたとは書かれていないので、その辺りのことはよくわからないと言うほかない。

エピクテトスは八〇歳あまりまで生き、一三六年頃に亡くなったとされている。諷刺作家のルキアノスは、エピクテトスの死後に、彼が愛用していたランプが好事家によって三〇〇〇ドラクマで売られたという話を伝えている（『無学なくせにやたらと本を買い込む輩に』13）。

弟子のアッリアノス

ニコポリスの学校での評判は高く、多くの子弟を集めたが、その中にアッリアノスがいる。ルキウス・フラウィウス・アッリアノス（八六／九〇頃〜一七五頃）は、小アジアの北西で黒海の南西岸に位置するビテュニア地方のニコメディア（現在のイズミト）出身である。ローマにおいて五賢帝のひとりハドリアヌス帝の寵愛を受け、ローマの執政官にもなっている（一二九／一三〇年頃）。次いでカッパドキアの属州総督も務めている（一三一〜一三七年）。アッリアノスについては先にも述べたが、歴史家として著名であり、現存する『アレクサンドロス大王東征記』はアレクサンドロスの事績を記した正史として名高く、その付録として著した『インド誌』も現存し貴重な資料とみなされている。そのアッリアノスはローマに来る前に、ニコポリスに滞在してエピクテトスに師事している。

『スーダ』からの先の引用文では、エピクテトスが「たくさん書いた」とあるが、実際にはエピクテトスはなにも書かなかった。今日エピクテトスの書物としては、『語録（ディアトリバイ）』と『要録（エンケイリディオン）』の二つが残っている。これらは弟子のアッリアノスが書いたもので、前者は師の言葉をそのまま書き留め、後者は師の思想を要約したものである。言語はラテン語ではなく、当時の国際語であったギリシア語で書かれている。そして、『語録』の巻頭には、「ルキウス・ゲッリウスへの挨拶文」が掲げられていて、この書が生まれた経緯について書かれているので、その冒頭部分をここに訳出しよう。

> 私はエピクテトスの語録を、人がこの種のものを著すような仕方で著すことをしませんでしたし、みずから公にするようなこともしませんでした。とにかく、そもそも私は著すことをしなかったと主張するからです。むしろ、彼が語るのを直接聴いたことを、できるだけ彼の言葉そのままに、書き留めたのです。後日のために彼の思想や率直な話しぶりの覚え書きを残しておこうと思ったわけです。ですから、当然ながら、これは人が相手にその場で話すようなものでありまして、後日人びとに読ませるために書かれたものではありません。こういう性質のものでありますのに、どういうわけか、そのつもりがないのに、私の知らないうちに世間に出るようなことになってしまいました。けれども、著作をする才能がないと思われましても、私には大した問題ではありませんし、またエピクテトスの語録を軽蔑する人があっても、彼自身にとってはなんでもないのです。なぜなら、明らかに、エピクテトスは聴衆の心が最善のものに向かうことだけを意図していたからです。（傍点引用者）

ここでアッリアノスは、「著す（シュングラペイン）」と単に「書く（グラペイン）」という二つの言葉を使い分けている。つまり、自分はエピクテトスについて著作しているのではない。むしろ、エピクテトスから聴いたことを、彼の言葉そのままに書き留めた覚え書きを残しただけなのだが、自分の知らないうちにそれが世間に公開されることになってしまったというのである。

アッリアノスの歴史書『アレクサンドロス大王東征記』や『インド誌』と、エピクテトスの言葉を収録した『語録』を比較してみると、明らかに文体が異なっているのが目を引く。『語録』のほうは挨拶文にあるようにエピクテトスの談論を前後のつながりを無視して寄せ集めただけで、全体的な統一に欠けているという印象は否めない。さらに書かれたギリシア語が同じではない。歴史書のほうはあえてアッティカ方言（アテナイを中心とするアッティカ地方で話されていた方言形）で書かれていて、アッリアノスの学識の深さを示すものであるのに対して、『語録』はコイネー（ヘレニズム時代の標準ギリシア語形）で書かれているのである。これについては研究者がいろいろと詮索をしており、『語録』で言われていることの信憑性を高めるために故意におこなわれたと考えられなくもないが、やはり挨拶文にあるように、アッリアノスはエピクテトスが言った言葉をそのままに後世に伝えることを望んだと考えるべきであろう。後代の著作家たちはこの書物を「アッリアノスの『語録』」としてではなく、「エピクテトスの著作」として言及するのが普通であったが、これはアッリアノスが意図したことでもあった。できるだけ師の言葉を忠実に書き留めたものが『語録』だという古来よりの解釈にしたがっておきたい。

アウルス・ゲッリウスの『アッティカの夜』（XIX 1）は「エピクテトスの『語録』第五巻」に言及しており、また、コンスタンティノープル（現在のイスタンブール）の総主教フォティオス（八二〇頃～八九一頃）の『古典文献解題（ビブリオテカ）』（コーデックス 58）では、『語録』は八巻の書物だとされているが、今日に残されたのは四巻のみである。つまり、半分の巻は失われたのである。さらに、『語録』の元の表題は「ディアトリバイ」ということになっているが、実は現存する写本にはこの表題がついていない。写本のうち最古のものは一一〜一二世紀のものなのだが、写本の各巻の終わりには「アッリアノスによるエピクテトスの語録（ディアトリバイ）の……巻」という言葉で締めくくられていて、今日ではそれが本の表題とされているわけである。語録と訳した「ディアトリバイ（単数形はディアトリベー）」は、もともとは「時間つぶし」の意味で、非公式の談論というのがギリシア語に最も近い意味となろう。わが国では『談論』と訳されることもある。もっとも、注意すべきことは、古代の人びとが一様にこう呼んでいるわけではないことである。ビザンティン時代のストバイオスは「覚え書き（アポムネーモネウマタ）」、ゲッリウスはラテン語で「ディッセルターティオーネース（Dissertationes）」、ギリシア語で「ディアレクシス（Dialexis）」と呼んでいた。後の二つの意味はディアトリバイとさほど意味は変わるわけではないが、いずれにせよ「ディアトリバイ」が確定した表題ではなかったことは銘記される必要がある。

この作品と『要録』、さらに他の作家による引用が著作断片として残されているものがいわゆるエピクテトスの著作のすべてである。それからすでに触れたが、六世紀の新プラトン主義の哲学者シンプリキオス（彼はプラトンの学園アカデメイア最後の学頭であったダマスキオスの弟子で、アリストテレスに関する優れた注解もある）が『エピクテトス「要録」注解』という書物を書き遺していて、これは今日でも読むことができる。シンプリキオスは「もしもこれらの言葉に感動することがないのであれば、その者はハデス（あの世）の裁きによってしか心を動かされることはないであろう」（『エピクテトス「要録」注解』2a—b）と述べている。『要録』の原題である『エンケイリディオン』は、ギリシア語の「エン・ケイル（in hand）」つまり手の中に収まる書物の意味で、ストイックに生きるための手引き書として実践的な格言を収録している（わが国では『提要』と訳されることもある）。エピクテトスは異教徒であるが、後の時代のキリスト教徒によってもよく読まれた。さらに近代では、パスカルやゲーテが愛読し、カール・ヒルティ（Carl Hilty 一八三三〜一九〇九）はその著『幸福論』（原題は*Glück*で「幸福」の意）において『要録』のドイツ語訳を収録して、幸福について考える人はまずこの書を繙くことを勧めている。わが国でも古くから親しまれており、早くも明治時代には、英語訳からの重訳ではあるが稲葉昌丸訳（浩々洞出版、明治三七年）、高橋五郎訳（玄黄社、明治四五年）が出ている。さらに、佐久間政一訳（文明書院、大正一二年）、原納一富訳（養徳社、昭和二四年）と続き、ギリシア語原文からの翻訳として、鹿野治助訳（岩波文庫、昭和三三年）がある。

わが国で最も早い段階で影響を受けた人物として、浄土真宗僧侶の清沢満之《まんし》（一八六三〜一九〇三）がいる。清沢は東本願寺が東京に開校した真宗派の大学（後に京都に移された現在の大谷大学）の学監に就任した人物として知られるが、若い頃（明治一六年頃）に書き留めた日記『臘扇記《ろうせんき》』（発表は明治三五年）を見ると、エピクテトスからの書き抜きがその大半を占めている。友人から英語訳のエピクテトスを借りて耽読し、

> エピクテタス氏教訓書を披展《ひてん》するに及びて、頗《すこぶ》る得る所あるを覚え……、修養の道途に進就するを得たるを感ず。（『清沢満之全集8』、岩波書店、二〇〇三年、四四一〜四四二頁）

と記している。この古代ローマの異教哲学者が語ったことは、時代も異なり、宗教も異なるにもかか

わらず、清沢の心を深く捉えた。その魅力とはどこにあったのか。この章では彼の思想が含む人間的な魅力について語ってみたい。

現在の学者たちには『要録』のほうを軽視し、『語録』を重んじる傾向がある。『要録』は格言集であり、その説教じみた性格が現代人には好まれないのかもしれない。一方の『語録』は倫理学の基礎理論、心理学や社会学を内容とするもの、論争的議論（エピクロス派、アカデメイア派に対するもの）を含む多種多様な内容を含んでいる。しかしながら、そのような最近の傾向から距離を置いて、これら二つの書物を手がかりにしながら、エピクテトスの思想を紹介することにしよう。

三　哲学は何を約束するのか

精神の自由

エピクテトスが哲学に求めたのは、一言で言えば、「人はいかにして精神の自由を得ることができるか」という問いに尽きている。これはエピクテトスの奴隷としての境遇を思えば当然とも言えるだろう。奴隷は家財の一部であり、自由に売買され、気に入らなければ打擲《ちょうちゃく》を受け、それが死に至ることもあったからである。『語録』には、ネロ帝の暗殺計画に関わった者たちが斬首される話が出てくるが、これについてエピクテトスは次のように問う。

このような場合に、手もとにあるものは何であるのか。何が私のものであり、何が私のものでないのか、私には何ができて、何ができないのかということ以外に何があるだろうか。私が死ななければならないとしても、それは嘆きながらであろうか。縛られねばならないとしても、それは泣き叫びながらであろうか。追放されねばならないとしても、笑いながら、機嫌よく、従容《しょうよう》としてそうすることを誰が妨げられるだろうか。(『語録』I 1, 21―22)

これは見ようによっては、やせ我慢の哲学ともとれる。自分が死ななければならないとき、せめて嘆き悲しむことなく、笑って死のう、誰も自分の心までも支配することはできないからと。しかし、エピクテトスが唱えるのはこのような我慢の哲学ではない。

別の例をみよう。誰かがエピクテトスに「髭を剃れ」と言う。もし哲学者であれば、「髭を剃らない」と答える。古代の哲学者はきまって髭を蓄えていた。「ではお前の首を切ろう」と言うと、「それがよければ、切りたまえ」とエピクテトスは答える(『語録』I 2, 29)。このように、自分の力ではどうしようもないような境遇、身分、運命の中に置かれて、エピクテトスはただひたすら耐えるしかないというような忍従の哲学を主張するのではない。むしろ、彼が説くのはいかなる逆境にも動じない、泰然とした精神の強さである。

彼の思想を理解するためのカギとなる言葉がある。

哲学は外部にあるなにかを得ることを約束するものではない。(『語録』I 15, 3)

人は哲学をすることで、外の世界からなにかを獲得するのではなく、むしろ自分の心を改革することになる。例えば、死に対する恐怖である。

人びとを不安にするのは、事柄ではなく、事柄についての思いである。例えば、死はなんら恐るべきものではなく（そうでなければ、ソクラテスにもそう思われたであろう）、むしろ死は恐ろしいものだという死についての思い、これが恐ろしいものなのだ。（『要録』5）

私たちは普通死を経験するのは、他人の死である。友人や家族の死を、あるいはさらにテレビや新聞を通じて人の死を経験するが、自分の死を経験するときには自分は死んでいるわけだから、それについて恐怖を抱くことはできない。つまり、他人の死によって自分にいつか訪れる死を推測するわけである。

私たちは死に対してどのような態度をとるのか。先に紹介したが、快楽主義の哲学者エピクロスは死に対して恐怖を抱くのは愚かであると考えた。私たちが生きているときは、その私たちにとって死は存在しないし、死が存在するときには、私たちはもはや存在しないのだから、「死はわれわれにとってなにものでもない」（DL X 125）という結論を導き出したのだが、先にも述べたように、これを徹底させて安心立命に至るというのはある種の達観であって、これに到達するのはなかなか困難であろう。これに対するストア派の考えはどうか。ストア派の立場は、簡単に言えば、悲しいことに耐えるためには、最初から絶望しておけばよいという考えである。先にも紹介したが、ニール・アドミラーリー（なににも驚かない）という言葉はその思想を簡潔に表現している。ただし、注意すべきは、なにもかも諦めよということではないことである。

例を挙げて考えてみよう。『語録』を読むと、その中でエピクテトスは、人がなにかを楽しんでいるとき、それと反対のことを頭に思い浮かべるのがよいと言っている（『語録』III 24, 88）。例えば、子供にキスをするときに、その子について「もしかすると明日死ぬかもしれないよ」と呟くのである。どれほど子供を愛していても、その子は死すべきものであり、自分が永遠に所有できるものではなく、いつかは失われるからである。哲人皇帝のマルクス・アウレリウスについては次章で述べるが、彼は『自省録』（XI 34）においてエピクテトスのこの言葉に賛意を示している。同様にセネカも『マルキアへの慰めの手紙』において、「周囲にあるものが自分のものだと思って満足しているが、それらは借り物でしかない」（X 2）ことを想起せよと言っている。美貌や健康が失われると悲しまざるをえない。しかし、そうしたものが本来自分の所有でないことに気づけば、悲しむことはないわけである。人生において苦しまぬようにするために、自分の支配の外にあるものに期待するなというのがこの思想の神髄である。

こうしたエピクテトスの主張に対して、疑念を抱く人がいるかもしれない。はじめから絶望しておけば、心はもはや苦しむことがないかもしれないが、そうするとそれは、なにかに挑戦する気持ちを捨てて、その前に諦めてしまうことなのではないだろうか。現代に生きる私たちは、はたしてこのような生き方を受け入れることができるのか。しかしながら、これは明らかにストア派の思想を誤解しているのである。私たちは一般に幸・不幸を外からあたえられるものと考えることが多い。どんなに働いても収入が少なければ、政治が悪いからだと考える。つまり、私たちは外的な要因によって幸福であったり不幸であったりすると考えているのである。しかし、よく考えてみれば、そうした要因は偶然によって左右されることが多いのもまた事実である。エピクテトスが私たちに問いかけているのは、なにか偶然的な要因で自分が不幸と感じている場合に、それは本当に不幸なのだろうか、あるいは幸福感を味わっているときに、それは本当に幸福だと言えるのだろうか、ということである。そして、彼が私たちに教えているのは、いわゆる不幸な境遇にあっても私たちは幸福であることは可能だということなのである。挑戦しても敗北が目に見えているような事柄でも、自分が相応の努力をするならば、結果いかんに関わりなく、私たちはそのことによって心の満足を得ることができるだろう。すなわち、この哲人はあらゆる外的なものから自分を遮断してしまうことを勧めているのではなく、そのような事柄に対して私たちがいかなる態度をとるかが大切だと言うのである。そうした心の持ちようによって、私たちがどれほど不幸と思われる境遇にあっても、幸福感を味わうことができる、と言うのである。

自分のものでないものをなにひとつ求めない。(『語録』 IX 1, 129)

自分のものでないものとは、自分の力でどうすることもできないもののことである。エピクテトスは、他人が介入する余地のない世界において、真の精神の自由を見出そうとするのである。要は心の持ちよう、意志の問題である。

例えば、病気は肉体の妨げになるが、意志自身がそのつもりでないかぎり、意志の妨げにはならない。足が不自由なのは足の妨げとなっても、意志の妨げとはならない(『要録』 9)。

エピクテトスは奴隷の生まれで、足が不自由であった。しかし、その身体の不自由さは身体の動きを妨げても、自分がなにかをしようとする意志を妨げるものではない。エピクテトスによれば、人の幸福を決するものは、身体が健全か不自由かではないのである。

幸福論

私たちはなぜ哲学するのか。それは幸福を求めるからである。最近の哲学は別として、古代のギリシア人やローマ人は、その哲学を語るにあたってつねに幸福論から出発している。古代にはプロトレプティコス・ロゴスと呼ばれる一群の書物があって、その意味は『哲学の勧め』である。「プロトレプティコス」とは、「〜の方向へ（プロ）〔心を〕向ける（トレポー）」という意味の形容詞であり、「ロゴス」は議論を意味する。要するに、入門書のことなので、別に哲学に限られることなく、医学のプロトレプティコス・ロゴスなどいろいろとあったが、特に哲学のプロトレプティコス・ロゴスが有名であった。プラトンの対話篇『エウテュデモス』にはプロトレプティコス・ロゴスと同じ趣旨の議論がみられるし、アリストテレスの『哲学の勧め』（散佚）、三世紀後半の新プラトン主義哲学者イアンブリコスの『哲学の勧め』（現存）などがあった。書名だけなら他の哲学者もこれを書いていることがわかっている。これらギリシア人哲学者の著作に触発されてキケロが書いたのが『ホルテンシウス』（散佚）であり、さらにこれに連なるものとしてキリスト教哲学者のアウグスティヌスの『幸福な生』（現存）がある。アウグスティヌスは、『告白』において若い頃に『ホルテンシウス』を読んだことが哲学に向かうきっかけとなったと述懐している（『告白』III 4, 7）。アリストテレスやキケロの散佚した書物については、他の著作家からの引用断片によって、これらを復元する試みがおこなわれている。

ところで、『エウテュデモス』から『幸福な生』に至る一連の『哲学の勧め』を見ると、決まって次の言葉を議論の出発点としていることがわかる。プラトンはギリシア語、キケロとアウグスティヌスはラテン語だが、意味は同じである。

われわれはすべて幸福であることを望んでいる（pantes anthropoi boulometha eu prattein）。（プラトン『エウテュデモス』278E）

確かに、われわれはすべて幸福であることを望んでいる（beati certe omnes esse volumus）。（キケロ『ホルテンシウス』断片26 Beiter）

われわれは幸福であることを望んでいる（beatos nos esse volumus）。（アウグスティヌス『幸福な生』10）

幸福を願うこと、これが哲学を始める出発点となる。現代の哲学は幸福論を抜きにして語られることが多い。ドイツの哲学者フリードリッヒ・ニーチェは「人間は幸福を求めて努力したりしない。そんなことをするのはイギリス人だけだ」（『偶像の黄昏《たそがれ》』「箴言と矢」12）と言っている。これはむろんイギリスの功利主義哲学を揶揄《やゆ》した言葉であるが、ここには明らかに古代人と近代人の意識の違いがみられる。私たちは「幸福なんてなりたくない」と叫んだりする。その場合には、幸福であることは選択の問題だということになる。幸福であることを選ぶか、選ばないかである。しかし、このような思考は古代人にはなかった。古代の哲学者たちに言わせれば、幸福とはこれを求めなければ求めずにいられるというようなものではない。それは好むと好まざるに関わりなく、人間が生まれつきもっている願望である。

神は、すべての人間が幸福であり、心が平静であるように創った。(『語録』III 24, 2)

したがって、私たちが幸福を求めるということには議論の余地がない。議論の余地があるのは、どうしたら私たちは幸福になれるのかというところにある。

人間はどのようにすれば幸福であることができるのか。巨万の富、高い地位、あるいは美貌や健康を得ることによって幸福であることができるのか。ストア派のこれに対する答えは否である。これらの一般に幸福である条件とされるものは、それ自体として善でも悪でもない。これを善悪無記と言う。無記はもともと仏教の言葉で、明確な答えを出すことができないことを言うが、ストア派の立場を表現するのによく用いられる。

私たちのうちの誰が、善悪についてうまく話すことができないだろうか。すなわち、存在するもののうちあるものは善きもので、あるものは悪しきもので、あるものはどちらでもないものであるとか、徳《アレテー》や徳に関わるものが善で、その反対のものは悪で、富、健康、名声はそのどちらでもないということを。(『語録』II 9, 15)

と述べている。善でも悪でもない中間的なものは、富、健康、名声のほかに、生死、快苦が挙げられる(『語録』II 19, 13)。これらのものは、徳を伴ってはじめて善きものとなるのである。この思想は言うまでもなく、ソクラテスのものであるが(『エウテュデモス』279A—281E、『メノン』87C—89A)、しかしエピクテトスは徳という言葉を初期のストア派ほどには用いていない。その代わりに、彼が好んで使っている言葉は「選択意志」である。

選択意志

善の本質はある種の選択意志であり、悪の本質もある種の選択意志である。それでは、外的なものは何であるか。それらは選択意志にとって、それらを扱うことでみずからの善や悪を獲得することのできる材料である。（『語録』I 29, 1―2）

富や健康などは外的なもの（先の「中間的なもの」と同じ）でしかなく、それらがあるから人は善くある、つまり幸福であるわけではなく、それらをどのように扱うかによって幸不幸が決定される。その意味でそれらは幸不幸となるための材料（素材）でしかない。では選択意志《プロアイレシス》とは何であるか。少々面倒だが、言葉の説明をしておこう。ギリシア語のプロアイレシスは、他に「先んじて（プロ）取ること（ハイレシス）」という意味で、単に「選択」とも訳されることが多い。デカルトなど近代の哲学では、普通は「意志」（ラテン語のvoluntas）という言葉で表現される。エピクテトスの言葉の使い方には、ギリシアの古典時代の哲学における「選択」から近代の「意志」につなげる面がある。そこでこの言葉を「選択意志」と訳しておく。この点はすでに研究者によって指摘されているが、ここでは詳しくは述べない。

このプロアイレシスという語を倫理学における重要な概念に仕立てたのはアリストテレスである。アリストテレスでは、プロアイレシスは「われわれの力の内にある（エピ・ヘーミン）ことへの、熟慮に基づく欲求である」と定義されている（『ニコマコス倫理学』III 1113a10―11）。熟慮に基づくというのは、例えば、欲望や怒りに任せておこなった行為は自発的な行為であっても、熟慮されたもの、選ばれたものとは言えない。これに対して、プロアイレシスによる行為には、目的に至る手段に関する熟慮や理性的な判断が含まれている。したがって、私たちの力の及ぶ事柄に関して、理性的な判断に基づいておこなう行為が、プロアイレシスによる行為ということになる。

エピクテトスはストア派の中で最もこのアリストテレス的な選択意志の概念を受け継いでいる、と言われている。選択意志を人間の倫理的行為における主要因と考えた点では両者は共通の立場に立っている。エピクテトスは、ストア派のひとりとして、人間の魂をまったく理性的なものと考えているので、その点では魂に理性的な部分と非理性的な部分を考えたアリストテレスとはおのずから異なっているのだが、こうした異同は研究者にしか興味がないことなので、ここでは措いておく。エピクテトスはあらゆる欲望や情念を、魂による真なる、あるいは偽なる判断とみなしている。つまり、悪しき行為は、プラトンやアリストテレスが考えたように、理性が不合理な欲望に負けておこなわれるのではなく、理性が誤った判断をするためにおこなわれるのである。

選択意志はつねに「われわれの力の内にあること」を対象とする。したがって、選択意志だけは、どのような状況にあっても、「妨げられたり、強制されたりすることはない」（『語録』I 17, 21）。そこに人間の「自由」があると言うことができる。自由という言葉はさまざまな意味を持っている。フランスの国旗の三色旗は自由・平等・友愛を表現したものだが、この場合の自由は解放のことである。あらゆる桎梏《しっこく》から解放される、それが自由である。一方で、プラトンの作品を読んでいると、自由という語がきわめて悪い概念として用いられているのに驚かされる。大衆・自由・無知は悪のトリオのように書かれている。もちろんプラトンは夷狄《いてき》の脅威に対抗してギリシア人の自立を勝ち取るという意味での自由という概念を知っているが、大衆とともに使われる場合にはあまりいい意味ではない。一方、エピクテトスがここで問題にしているのは意志の自由である。この自由と運命との関係は、ストア派にとって困難な問題を提供しているが、これについては後に述べる。

エピクテトスによれば、私たちが意志の自由を持つことができるのは、心の内部に関係するもの、私たちの力の内にあるものに限られる。概して、力の外にあることについてなにかを求めることは無益なことでしかないということになる。これには私たち自身の身体も含まれているのである。

存在するもののうちには、われわれの力の内にある（エピ・ヘーミン）ものと、力の内にないものとがある。意見、意欲、欲望、忌避など、一言で言って、われわれの活動であるものは、われわれの力の内にあるが、肉体、財産、評判、官職など、一言で言って、われわれの活動でないものは、われわれの力の内にはない。……われわれの肉体でさえ、われわれの行為の対象外であるがゆえに、われわれにはどうすることもできないものなのである。われわれの力の内にあるものだけが、自然本性において、自由であり、妨げられ邪魔されることのないものである。（『要録』1）

エピクテトスはかつて奴隷であったが、たとえ奴隷の身分にあっても、精神において自由であることができる。精神において自由であるとは、「自分のものでないものをなにひとつ求めない」（『語録』IV 1, 129）ことを言う。そして、自分のものでないのは私たちの力の内にないものであることは言うまでもない。逆に、自分のものでないものを願う人は、たとえ社会的に自由な身分であっても、精神においては奴隷だということになる。

このようにして、エピクテトスは、人間の行為の本来の対象を私たちの力の内にあるものに限って、他人が介入する余地のないその世界において、真の精神の自由を見出そうとするわけである。では、その精神の世界において人はいかにして幸福であることができるのか。

心像との戦い

人生では不運な目に遭遇することはけっして少なくない。そうすると、悲しい出来事が起きた場合に、その悲しみを押し殺すのがストイックな生き方だろうか。これについても、答えは否である。悲しいときには悲しいという感情を示すのが最も自然なことであろう。つまり、涙を抑えることがストイックな生き方ではないのである。むしろ大切なのは、涙を流すような出来事に出会った場合に、私たちがどのような態度をとるのかという点にある。

『語録』（II 18）は「いかにして心像と戦うか」をテーマとする。心像とは、ギリシア語でパンタシアー（phantasia）であり、心に現れてくるいっさいのものを言う。私たちはさまざまな欲望の対象のとりことなり、しばしば理性的な判断ができないことがある。それらのものは私たちの前に現れて、私たちの魂を魅惑する。この場合に、私たちを魅惑しているのは向こうにある対象そのものではなく、それがあたえている心像である。私たちはこれらの心像とどのように戦えばよいのか。エピクテトスは、

「心像よ、少し待ってくれ。お前は誰なのか、何の心像なのかを見させてくれ。お前を調べさせてくれたまえ」と言えばいいのだ。そして、その後は心像の思い描くままにさせておいてはならない。さもなければ、君をつかまえて、望むところに連れていってしまうだろう。むしろ他の美しい心像を代わりに入

れて、その醜い心像を追い出してしまうのだ。……このような心像に対してみずからを鍛える者が、真の修行者なのだ。(『語録』II 18, 24―27)

と語る。ここで修行者と訳されているのは、ギリシア語でアスケーテースと言うが、訓練をおこなう者の意味である。この訓練、修行には、およそ三つの領域《トポス》がある、とエピクテトスは考える。それは(a)欲求と忌避に関する領域と、(b)意欲と拒否に関する領域、一般に義務《カテーコン》に関する領域と、(c)欺かれないことと性急な判断に関する領域、一般に承認に関する領域である(『語録』III 2, 1―2)。

(a)は人間の欲求に関わっている。この領域において過《あやま》つならば、私たちは理性の声を聞くことができなくなる。右に修行者と言われていたように、悪しき欲望や恐怖から逃れるためには、私たちはみずからの精神を鍛える必要がある。引用した章の冒頭には、「すべての習性と能力とは、それに対応する活動によって、維持され、また増進される」という言葉がある。歩いたり疾走したりすることで、歩行や疾走の能力が増進するように、あるいは読んだり書いたりすることで、読み書きの能力が維持されるように、倫理的行為もたえずそれを実践するようにしなければならない。「一般に、もし君がなにかをしようとするならば、常習的にするがいい」(同所)とも言われている。人は欲しているのにそれが起こらなかったり、欲しないのにそれが起こったりすることがある。そのために私たちの心に情念《パトス》が生まれる。すなわち、不安、混乱、不幸、不運をもたらし、悲哀、悲嘆、妬《ねた》み、嫉妬をひき起こす。これは私たちが自分の力の内にないことを望んだり、忌避したりするためである。例えば、富を望み、貧窮を忌避しようとすれば、富を得そこない、貧窮に出会うことになろう。健康を求めれば、不運な目に遭うだろう。官職、名誉、祖国、友人、子供など、一言で言えば、選択意志の外にあるものを求めるならば、不幸は避けられない。ならば、それらの成り行きをいっさい神々に委ねてしまえば、人はなにひとつとしてうまくいかないことはないのである（『語録』II 17, 23 以下）。

これは先に述べたように、他にある幸福を羨むなというやせ我慢の哲学ではない。むしろ、エピクテトスの挙げているのは、夫への仕返しにわが子を殺したメデイアのような場合である。メデイアはストアの哲学者たちが好んで使った例である。ギリシア神話で、メデイアはコルキス（今日のジョージア西部）の王女であったが、アルゴ船隊の首領イアソンに恋し、二人はコリントスで一〇年もの間共に暮らし、子供をもうけるのだが、その後イアソンはコリントス王の娘グラウケと結婚しようとしたために、嫉妬に狂ったメデイアは毒薬を塗りこんだ黄金の冠でグラウケとコリントス王を殺害し、さらにイアソンとの間に生まれた子供をも殺してしまう。この物語はエウリピデスの悲劇『メデイア』やセネカの悲劇『メデア』に詳しい。哲学者たちが関心を向けたのは、強い怒りはわが子をも殺してしまうことがあるという事実である。エピクテトスは『語録』（I 2, 17）において、メデイアが夫からの辱めを辛抱できなかったのは、自分の選択意志の力がどこにあるかを理解していないからだと断罪している。エピクテトスが説くのは諦観の哲学ではなく、むしろこうした意志の強さを求めるものである。

(b)は市民的な義務に関するものである。義務と訳したのはカテーコンで、先にも述べたように「適切なる行為」が本来の意味に近い。「私は彫像のように無感覚であるべきではない。むしろ、神を敬う者として、息子として、兄弟として、父として、市民として、生まれながらの関係と生まれた後に得た関係を保つのでなければならない」（『語録』III 2, 4）と述べているので、他者との適切なる関係がこの場合のカテーコンの意味になる。しかし、他人との関係を適切に生きるというのは、どのような意味からなのか。市民的な名誉は私たちの力の及ばぬことではなかったのか。エピクテトスの真意は、『要録』(30) によって知られる。人は父親を尊敬せねばならない。だが、君はその父親は悪人だと言うかもしれない。では、善き父親を持つと決まっていたのか。そうではなく、ひとりの父親を持つことだけである。君の兄弟が君に不正をなしたとする。その時には、兄弟に対する君の関係だけを考えよ。つまり、どのようにすれば君が理性的に行動することができるかを考えるのである。私たちは(a)からストア派的生が人間味のない彫像のような生を連想するかもしれないが、それが誤りであることは(b)によって知られる。ストア派は無情念《アパテイア》を理想とすると言われているが、それは彫像のような無感覚の生ではないのである。

(c)はすでに哲学においてある程度の進歩を遂げた人に関するものである。睡眠中や酩酊の時に、あるいは憂鬱な時に、吟味されない心像によって欺かれることのないようにするためのものである。承認とはギリシア語でシュンカタテシスと言って、現れてくる心像を精神が吟味し、これを受け入れることを意味している。『語録』はそのようなシュンカタテシスの具体例を挙げている。「権力者の息子が死んだ」「それは選択意志の外にある。悪ではない」「その父は息子から財産相続権を奪った」「それは選択意志の外にある。悪ではない」「皇帝がその父を有罪とした」「それは選択意志の外にある。悪ではない」「彼はそのことで苦しんだ」「それは選択意志の内にある。悪である」「彼は見事に耐えた」「それは選択意志の内にある。善である」(III 8, 1—3)。この問答は習慣づけによって、私たちがさらに進歩を遂げることができることを示している。

エピクテトスを読むとしばしば「進歩」という言葉が出てくる。進歩とは、外的なものから身を引いて、これを憧れたり避けたりすることなく、自然にしたがい、気高く、自由で、妨げられも邪魔されもせず、誠意で、慎みをもって、しかもその態度を保持することに、あたかも走者が走者らしく歌の教師が歌の教師らしく努力するように努力することである（『語録』Ⅰ4, 18—21）。すなわち、心像との戦いにおいてたえざる訓練を重ねる者が真に哲学において進歩したものと言えるのである。

右に述べたことをエピクテトスが挙げる例によって確認してみよう。例えば、病気である。病気は一般に忌避すべきことであるが、しかし病気になるのは避けがたいことでもある。そして、エピクテトスによるならば、病気はそれ自体として悪ではないのである。病気は肉体の妨げとなっても、意志の妨げとはならないだろう。足が不自由であれば歩行の妨げとなるが、これも意志の妨げとはならないだろう。つまり、他のなにかの妨げにはなっても、自分自身の妨げにはならないのである（『要録』9）。そして、善や悪は意志によって決まってくるから、病気は、そして健康も、悪でも善でもないことになるのである。しかし、病気にかかったり、足が不自由だったりするのは確かに辛いことである。そうしたことがもたらす心像に正しく対処するためには、私たちの精神は強くなければならない。さまざまな心像に対して自分自身を鍛える必要があるのは、そのためである。

もうひとつ例を挙げよう。誰かがあなたが大切にしているものを割ってしまったとする。エピクテトスは、よその小僧がコップを割った例を挙げている（『要録』26）。それが君が大事にしているものであれば、当然ながら平静ではいられないだろう。しかし、その時私たちが言うべきことは、「それはよくあることだ」ということである。しかし、妻や子供が死んだときはどうであろうか。よその家の妻子であれば、「人間の運命です」と言って済ますことができるかもしれない。しかし、自分の妻子ならばどうであろうか。その時には、「なんて不幸な私なんだ」と叫ぶであろう。しかし、そのようなときにエピクテトスが勧めているのは、他人の場合に自分が抱いた気持ちを思い出せ、ということなのである。このようなエピクテトスの発言に対して、疑問に思う人がいるかもしれない。自分の妻子が死んでも平静であれというのは狂気の沙汰ではないのか、と。しかし、ここで注意すべきは、エピクテトスが悲しむなと言っているのではないということである。むしろ、嘆くのがよいのだ。しかし、心底から嘆いてはならないというのである(『要録』16)。もちろん、このような心境に至るためには精神の強さが必要である。冒頭に挙げた「ニール・アドミーラーリー」すなわち「なににも驚かない」という言葉は、一般にストア学派のモットーとしてよく引かれる言葉であるが、その意味するところは諦念ではなく、むしろどのような心像と遭遇しても自分をけっして見失うことのない不退転の精神の強さなのである。

四　自殺について

ストア派は自殺を肯定したのか?

もうひとつ考えてみるべき問題がある。人はみずからの選択意志の対象となりうるものについては、いかなるものにも妨げられることなく、気高く、自由に生きなければならない。しかし、そのような尊厳が失われるような場合はどうすればよいのか。例えば、女性が辱めを免れることができないような場合が考えられる。ローマではルクレティアの自殺がよく知られていた例であった。ルクレティア(前六世紀末)はなかば伝説的な女性で、貞淑で知られ、自分を凌辱せんとする脅しにも屈せず、最後は短剣でみずからの命を絶った。死んでまでして自分の尊厳を守るべきか否かは、アウグスティヌスをして悩ましめた問題であった（『神の国』I 19）。一方、セネカは奴隷となることを強いられて自殺した青年の例を挙げている（『倫理書簡集』77, 14—15）。自殺についてエピクテトスは、

自由への唯一の道は従容として死ぬことである（ディオゲネスからの引用）。（『語録』IV 1, 30）
私がそれほど惨めであるならば、死は（難を避ける）港である。死はあらゆるものから逃れる港であり、避難所である。（『語録』IV 10, 27）

と言っている。自殺はこのような場合に、人間が逃れるべき避難所となる。セネカは人間の自由（リーベルタース）を語っているのであるが、その自由は個人の尊厳（ディグニタース）を守るためのものであって、無抑制な自由のことではない。個人の尊厳は人格（ペルソナ）によって示されるという思想は、中期ストア派のパナイティオスによって詳細に研究され、キケロなどを通して後期ストア派の哲学者に影響をあたえたと考えられるが（キケロ『義務について』I 107—121）、エピクテトスも例外ではない。

ドイツの哲学者ショーペンハウアーは、「ストア派の書いたものをみると、私たちは、彼らが自殺を英雄的な行為として讃美しているのを見出す」（*Parerga und Paralipomena*, II 13, Über den Selbstmord）と述べているが、エピクテトスは（彼を含めて他のストア派も）自殺を英雄的行為とみなしてはいない。自殺の意味を考える場合には、むしろ次の箇所が重要である。

神が合図して、君たちをこの奉仕から解放してくれるとき、その時にこそ神のところへ立ち去るがいい。

だが、現在のところは我慢して、神が君たちを配置したその場所に留まっているのがいいのだ。（『語録』I 9, 16）

右の言葉は、現在の境遇を嘆いてその奉仕（生きながらえること）から解放されることを望んだ人に対して語られたものである。エピクテトスは安易な自殺を支持しない。神が合図したときのみそれが許されるのである。では、神の合図とは何か。これには(a)国や友人たちのために自分を犠牲にせねばならないとき、(b)病気が治癒不可能と判断されるとき、そして今述べたような、(c)死によって個人の尊厳が失われるのを防ぐような場合が考えられるだろう（ストア派が示したこれらの条件を整理したものが、クリュシッポス断片768にある。ソクラテスやプラトンもこのような条件の下での自殺について、けっして否定的ではなかった。プラトン『パイドン』62C、『法律』873C参照）。いずれにしても、ここで言う自殺は、今日言われるような意味での自殺よりも広義に用いられていることが注意されてよい。この神の合図については、キケロも『トゥスクルム荘対談集』（I 74）において、共和制末期に保守派を代表し、カエサルと対抗するが、破れて自殺した小カトーに関連して述べている。すなわち、カトーは死ぬ「正当な理由」（causa iusta）を得たことを喜びながら、みずからの生を離れたが、それは神があたえたものである。

このようにストア派における自殺は、神意に背くものではなく、むしろ神からあたえられた合図にしたがって、死を選ぶことを意味しているのである。右に挙げた『語録』（IV 10, 27）の一文は、その直前に書かれた言葉を読むことではじめてその真意を理解することができる。

「あなた（神）が私を生んでくれたことに、私は感謝しています。あなたがあたえてくれたものに、私は感謝しています。こんなに長い間あなたのものを使用して、私は満足しています。それらをまた元に戻して、お好きな場所に置いてください。すべてはあなたのものであり、あなたは私にそれらをくださったのですから」。このような気持ちでこの世から去ることで満足ではないか。そして、このような生よりも優れた、立派な生がほかにあるだろうか。どんな終わりがより幸福であろうか。（『語録』IV 10, 16—17）

エピクテトスの思考と行動を支えているのは、つねに神であった。多神教の世界に生きたエピクテトスは「神」とも「神々」とも「ゼウス」とも呼んでいるが、その意味するものは同一である。神に絶対的に帰依《きえ》するといっても過言ではないように、神にしたがって生きることであった。

すでに述べたように、ストイックに生きることは諦めてなにもせずにひたすら耐えるようなことではなかった。エピクテトスは、人間は自分の前に立ち現れる心像に対して、みずからの意志によって自由に行動することができる、と考えたのである。

第六章　哲人皇帝——マルクス・アウレリウス

一　生い立ち

ローマ五賢帝

マルクス・アウレリウスは、一二一年四月二六日にローマ七丘のひとつカエリウス丘の邸宅で生まれ、一八〇年三月一七日に中部ヨーロッパのドナウ河中流域のパンノニア地方のある町で出陣中に亡くなった。生没年が明らかでなく、生地や終焉の地が不明である哲学者が多いなかで、これは異例とも言える。あるいは、一国の帝王が哲学者でもあるというのは、他にはあまり例がないと言うべきかもしれない。この章で私たちが見るのは、ローマ五賢帝の最後に位置する政治家としてよりはむしろ『自省録』の著者としてのアウレリウスであるが、両者は密接な関係にあるので、まずは彼が皇帝になった経緯から始めることにしよう。

エピクテトスやその師であるムソニウス・ルフスを追放したドミティアヌス帝は、九六年九月一八日に宮廷内で暗殺される。その最期の一部始終はスエトニウス『ローマ皇帝伝』(「ドミティアヌス伝」16以下)に詳しい。寝室係のパルテニウスらの共謀者の手にかかって暗殺された。民衆は帝王の弑殺《しいさつ》に対して冷淡であったのに対して、兵士らは暗殺者らを処刑せよといきり立った。しかし、元老院はむしろこれを歓迎し、皇帝の肖像をことごとく破壊すると、次帝としてネルウァの擁立を承認したのであった。このネルウァからローマ史で最も政局が安定した時期と言われる五賢帝の時代が始まる。本章の目的はマルクス・アウレリウスの哲学について紹介することにあるので、ローマ五賢帝については簡単に記述するに留めたい。

ネルウァ、すなわちマルクス・コッケイユス・ネルウァ（三二～九八年）は、同名の執政官で法学者であったネルウァの孫にあたる人物であったが、当時はすでに老人であり、九八年一月二七日に病死するから、その統治はわずか一年と半年ほどにすぎない。その後を継いだのがトラヤヌス、正式にはマルクス・ウルピウス・トラヤヌス（五三～一一七年）である。トラヤヌスは属州ヒスパニア・バエティカ（現在の南スペイン）の町イタリカの元老院議員マルクス・トラヤヌスの子として生まれたが、ネルウァに子がなかったために、その養子となった。トラヤヌス家はもともとイタリア中部のウンブリア地方の出身で、イタリカがローマの植民を受け容れるなか、トラヤヌスの先祖が移り住んだものである。トラヤヌスが帝位に即くと、国民の安寧を重んじる公正で寛大な善政をおこない、「最良の元首（ラテン語でオプティムス・プリーンケプス）」と称される。ローマには壮大なトラヤヌスの広場《フォールム》を造成し、戦勝記念碑（現存する）を建てて、さまざまな土木事業を成功させるなか、辺境へも進出し一時はローマ最大の版図を誇ったが、それもつかのまイラン北東のパルティアなど各地の反乱が起こり、紛争鎮圧から帰国するさなかキリキア地方のセリヌスで急死した。一一七年八月九日のことである。

トラヤヌス帝には子がなかった。これは一説には、彼の同性愛的な傾向のためだとされているがよくはわからない。トラヤヌスが急死したために、後継者問題が生じたが、トラヤヌスの后（ポンペイア・プロティナ・クラウディア・フォエベ・ピソ）が、トラヤヌスは従兄弟の子であるハドリアヌスを次期皇帝に指名していたと証言したために、ハドリアヌスが帝位を継ぐことになる。プブリウス・アエリウス・ハドリアヌス（七六～一三八年）は、ローマ帝国の最盛期を実現した皇帝であるが、トラヤヌスのように領土拡大の政策をとらず、むしろ国境を安定化する路線をとり、ブリタンニア（現在のイギリス本土）北部の民族の侵攻を防ぐために造らせたハドリアヌスの城壁などはその一例である。法制度や行政の改革など、国内外においてめざましい成果を上げながら、その一方では、学芸を奨励した。特にハドリアヌスのギリシア贔屓《びいき》はよく知られており、そのせいかギリシア風の顎鬚《あごひげ》をたくわえたために（一説には、顔の傷を隠すためともいう）、それ以来ローマ人の間では顎鬚を生やすことが流行したと言われている。しかし、晩年には体調不良に苦しみ、現在のナポリの近郊にある港町バイアエの別荘において六二歳で没した。一三八年七月一〇日のことである。

ハドリアヌス帝（76～138）コンセルヴァトーリ宮殿蔵

ハドリアヌス帝にも子がなかった。これはトラヤヌスとともに、あるいはそれ以上の同性愛者であったためと言われているが、それが事実かどうかはさておき、実子のない皇帝は、国家安寧のためにも後継者を決めておく必要があった。当初は次期皇帝を美貌の貴族で心を寄せていたルキウス・アエリウス・カエサルに譲るつもりであったが、一三八年の一月に早世してしまったために、やむなくトラヤヌスの一族のひとりアントニヌス・ピウス（八六～一六一年）を養子とし、みずからの後継者に定めた。ハドリアヌスの死後、元老院は彼の神格化を拒んだが、

デナリウス硬貨（ローマ帝国の銀貨で、表側がアントニヌス・ピウス、裏側がマルクス・アウレリウス）

アントニヌスの尽力によって神格化がおこなわれたため「ピウス」と呼ばれたとされる。「ピウス」はラテン語で「敬虔な」を意味する（歴史家のディオン・カッシオスは同じ意味のギリシア語「エウセベース」を用いている）。これについてはハドリアヌス帝が処刑をするつもりであった人びとを救ったからこの呼び名がついたなど、他の理由も挙げられたりしており（『ヒストリア・アウグスタ』所収、アエリウス・スパルティアヌス「ハドリアヌス伝」24）、本当のところはよくわからない。ハドリアヌスは次期皇帝を定めるとともに、その後継者も決めていた。マルクス・アウレリウスとルキウス・ウェルス（一三〇～一六九年）である。

　アントニヌス・ピウスの本名はティトゥス・アウレリウス・フルウスと言って、かなり紛らわしいが、平民階級《プレーベース》の出身であるアウレリウス家の出身である。この家からはじめて皇帝になったのがアントニヌス・ピウスである。アントニヌス帝は二三年余りの治世において善政をおこない、法制度の改革や財政の整備に努めたが、一方でみずからは質素な生活に甘んじ、莫大な金額を国庫に残した。ハドリアヌス帝に倣ってブリタンニアに城壁を築いたりしたが（アントニヌスの城壁）、概して戦争を好まず、在位中にイタリア本土を離れることはほとんどなかった、と言われる。マルクス・アウレリウスは、この養父から温厚さ、虚栄心を持たぬこと、労苦を愛し粘り強くあること、人の意見に耳を傾けること、等々を学んだと感謝の言葉を書き記している（『自省録』I 16）。そのアントニヌスも晩年は老齢には勝てず、腰も曲がり添え木をして歩行するありさまであった。すでにマルクス・アウレリウスを共同統治者に選んでいたが、亡くなる二日前にローマの近郊ロリウムで晩餐にアルピヌム（現在のアルピーノ）産のチーズを食べた後、夜中に嘔吐し、翌日に発熱、亡くなる当日に危篤状態になると、国家と自分の娘をマルクス・アウレリウスに委ねるように近衛長官らに告げると息を引き取った（『ヒストリア・アウグスタ』所収、ユリウス・カピトリヌス「アントニヌス・ピウス伝」12）。一六一年三月七日のことである。

アウレリウス、皇帝となる

当時のローマ人の名前は同名の者がたくさんいて紛らわしいので、関係する人物について簡単に説明をしておきたい。マルクス・アウレリウス帝は幼名をマルクス・アンニウス・ウェルスと言ったが、同名の父親（一二九年の法務官）はアントニウス・ピウスの妻ファウスティナ（大ファウスティナ）の兄弟である。マルクス・アンニウス・ウェルスはハドリアヌス帝によって皇帝家の養子になった頃から、アンニウスの代わりにアウレリウスを名のるようになる。これはアントニヌス・ピウス（本名ティトゥス・アウレリウス・フルウス）が属するアウレリウス家の一員になったためである。当時はこうした養子縁組によってその名前が変わるのが普通であった。マルクス・アウレリウス（以下は簡単にアウレリウスと呼ぶことにする）の妻はアントニヌス・ピウスの娘ファウスティナ（小ファウスティナ）である。また、アウレリウスの共同統治者であるルキウス・ウェルスは、先に言及したルキウス・アエリウス・カエサルの子供であるが、アウレリウス

青年期のマルクス・アウレリウス（121～180）ベルリン旧博物館蔵

とファウスティナとの間に生まれたルキッラを妻にしている。

アウレリウスの生涯を記したものとしては、『ヒストリア・アウグスタ』所収のユリウス・カピトリヌスによる「哲学者マルクス・アントニヌス伝」と、アウレリウスの修辞学の教師であったマルクス・コルネリウス・フロント（九五頃〜一六七頃）との往復書簡が現存しており、前者には優れた日本語訳（南川高志訳『ローマ皇帝群像1』、京都大学学術出版会）もある。さらに、彼が遺した『自省録』の巻頭には、幼少期から教えを受けた人物が列記されており、どのような教育を受けていたかがわかる。読み書きから、音楽、数学、ギリシア語文法、ラテン語文法、さらに修辞学を学習しているが、このうちラテン語の修辞学は右に挙げたフロントから教えを受け、ギリシア語のほうはヘロデス・アッティクスから学んでいる。第二次ソフィスト運動と呼ばれる二世紀頃の文人たちの活動があるが（第一次はもちろんソクラテスの時代のソフィストたちによるものである）、ヘロデス・アッティクスはその中心人物であった。彼は富豪としても知られ、現在も残るアテナイの音楽堂（オーディオン）を建設している。このような当時の一級の文人たちに薫陶を受けたが、アウレリウスが最も感化されたのは哲学であった。一二歳の頃からストア派の哲学に傾倒し、ギリシア風の服装をしていた。これはパッリウム（pallium）と呼ばれたもので、今日パッリウムと言うとローマ教皇の色鮮やかな外衣を思い浮かべるであろうが、当時のものはこれとはまったく違っており、ギリシア人が着るのを常とした長方形の外衣のことであり、ギリシア語ではヒーマティオンと呼ばれていた。夜は寝具なしで地面に直に寝ていたのだが、身体を心配する母親が懇願したためにしぶしぶこれを取りやめた、と歴史家は記している。このような清廉で勤勉な生活ぶりを目にしたハドリアヌス帝は、彼のことをアウレリウスの家名であるウェルスをもじってウェリッシムスと呼んでいた。ウェルス（Verus）はラテン語で真実を意味する形容詞ウェルス（verus）でもあり、ウェリッシムス（verissimus）はその最上級を表している。

一六一年三月七日にアントニヌス・ピウス帝死去の後を受けて、ローマ皇帝に即いたアウレリウスは義理の弟となったウェルス（ルキウス）を自分と同格の共同統治者に定める。プラトンの哲人王政治を思念し、奴隷哲学者のエピクテトスを愛読したこの皇帝は、その二〇年にわたる治世の大半を相次ぐ外敵との戦争に忙殺される。なかでも、カスピ海南部にあったパルティア王国が、ローマ帝国の支配下にあったアルメニア王国（パルティア北方にあった）を脅かし始めたために対応を余儀なくされた。この対パルティア戦争（一六二～一六六年）には、ウェルスを最高司令官として派遣し、敵王を潰走させ、一六六年一〇月には凱旋式《トリウンプス》をおこなった。triumphus は英語の triumph（勝利）の語源となる言葉だが、元は酒神バッコスへの讃歌で群衆が挙げる歓声（イオー・トリウンペー）のことで、それが兵士らの凱旋式でも用いられるようになったものである。もっとも、戦勝を喜んだのもつかのま、帰還兵のもたらした疫病が国土に蔓延し、人口が半減するまでになっている。

皇帝マルクス・アウレリウス。メトロポリタン美術館蔵

続いて起きたのが、マルコマンニ戦争である。マルコマンニとはゲルマニア（ライン河の東、ドナウ河の北を含む地域）の一部族であるが、マルクス・アウレリウス帝治世の頃に同族のクァディ族、ヴァンダル族、サルマタイ族と共謀して、北イタリアに侵攻し始める。ローマとの間に二度にわたって戦争をしているが、アウレリウスはみずから軍を率いてこれに対抗した。

一六九年の冬、軍隊が一時北イタリアからローマに帰還する途次、ウェルスが急死する。同年一月末のことで、三八歳の若さだった。アウレリウスは、マルコマンニとの二度目の戦いのおりには、一七六年一一月にローマに帰還して凱旋式を挙げている。この際には、現在もローマのコロンナ広場に見られる「マルクス・アウレリウス記念柱」（イタリア語で Colonna di Marco Aurelio）を建てている。円筒形の柱に、戦争の場面を浮き彫りにしたものである。

そして、一七七年に今度は息子のコンモドゥスを共同統治者に定める。皇后ファウスティナとの間には多くの子供ができたが、ほとんどが夭逝し、男子はコンモドゥスのみであった。コンモドゥスはファウスティナの不義の子であったとも言われるが、確かなことはわからない。息子を共同統治者に定める一年ほど前に、小アジアに同行したファウスティナが病没する。四六歳であった。アウレリウスは妻が死んだ村にその名前をつけてその死を悼んだ。その後、ドナウ河の国境付近で再び戦争が勃発し、アウレリウスはコンモドゥスを伴い戦地に赴き、かなりの戦果を挙げたが、その折に病を得て陣中で没した。一八〇年三月一七日のことであった。終焉の地はパンノイア地方のシルミウムである（一説では、ウィンドボナ〔現在のウィーン〕とも言われる）。五八歳であった。アウレリウスの死後は、コンモドゥスの単独統治がおこなわれるが、愚政によってローマの政局は一挙に混迷を深めることになる（コンモドゥス帝は一九二年に暗殺される）。

二　『自省録』という書物

書名の意味

マルクス・アウレリウスが遺した書物は、一般に『自省録』という名で親しまれている。この書物は古代に刊行された他の書物とは性格を異にしているため、説明を加えておく必要がある。『自省録』はギリシア語で書かれており、その原題は「タ・エイス・ヘアウトン」だとされているが、実のところこれがこの書のタイトルであったかどうかは必ずしも明らかではないのである。まずこの書はどのようにして今日まで伝わったのか、ということから始めよう。古代の書物のほとんどは羊皮紙で伝えられ、一部はパピルスのかたちで存在する。これらは写本《マニュスクリプト》と呼ばれる。アウレリウスが認《したた》めた『自省録』の原本はもちろん現存しない。あるのはそれを写したコピーである。コピーと言っても、手で書き写されたものであり、古くなると新しく書き写されるのであるが、『自省録』の最も古い写本は一〇世紀（あるいはそれ以降）のものだと言われている。つまり、アウレリウスの没後八〇〇年ほど経過したものなのである。その後、いわゆる活版印刷が一五世紀から始まるが、『自省録』の印刷初版本は一五五九年にスイスで刊行される。ギリシア語原文とラテン語訳文の対訳本である。当時はこのスタイルのものが多い。ところが元になった写本（P写本と呼ばれる）がその後行方不明になってしまい、今日ではこの印刷本がテキスト校訂の重要資料になっている。もうひとつ一四世紀の写本（A写本という）が現存しており、こちらは途中に欠落や誤記などがあるが、これらがテキストを原文で読む場合の典拠となる。これら以外にも『自省録』のいくつかの巻を含む部分的な写本が現存している。これらの写本群の親本となるのは一〇世紀頃に作成されたものである、というのが現在のところおこなわれている推定である。

ところで、『自省録』の原題とされる「タ・エイス・ヘアウトン（Ta eis heauton）」は、A写本にはなく、P写本にはそもそも表題が書かれていなかったようである。ただし、P写本の各巻の最後に「タ・エイス・ヘアウトンの第一巻」などの表示のあることから、多分一〇世紀以降はこの書名で通っていたものと思われるが、それ以前には登場していない。四世紀の弁論家のテミスティオスは「マルクスの『教訓書（パランゲルマタ）』」（『弁論集』81C）というような言い方をしている。したがって、この書名がもともとアウレリウスのものであったという保証はないわけである。ところで、「タ・エイス・ヘアウトン」の意味であるが、タはギリシア語の冠詞で英語の the にあたり、エイスは英語の into と同じだが、文字通りの「～の中へ」のほかに「～のために」と読むことも可能である。ヘアウトンは自分自身のことで、英語の himself に相当する。したがって、「自分自身に対して（語られたもの）」あるいは「自分自身のための（覚え書き）」といった意味であろう。本文中にはしばしば「お前」という表現が現れるが、これはアウレリウス自身を指している。つまり、この書物は個人的なノート、覚え書きの類いだということになる。全部で一二巻あるが、第一巻の末尾には「グラヌア河畔クァディ族の国でこれを記す」とある。グラヌア河はドナウ河の支流で、今のハンガリーの辺りである。また、第二巻の末尾には「カルヌントゥムにてこれを記す」とある。カルヌントゥムは現在のウィーンの西方にある町である。このように見ると、『自省録』はアウレリウスが陣中にあって記した覚え書きで、あくまでも内省するためのもので、人に聞かせることを意図したものでないことがわかる。

二重生活

アウレリウスがアントニヌス・ピウスの養子になったのが一八歳であったが、皇帝家の一員になったことを喜ぶどころか、これに恐怖を抱いたとされる。皇帝家に属する人びとの放埒《ほうらつ》な生きざまを直接に目にしていたし、帝権にさまざまな悪事がつきまとっていることを知っていたからである。けれども、ハドリアヌス帝の命にしたがって、皇帝への道を歩まざるをえない宿命を負わされた彼は、一方ではストアの哲学への愛を生涯にわたって捨てることもできなかった。この時からアウレリウスの「二重生活」が始まる。外見では皇帝家の一員として政治に関わりながら、心の内奥ではストアの賢人たちの生き方を希求していたのである。もっとも、見かけだけの政治家を装ったわけではない。すでにみたように、アウレリウスの一生は辺境地の紛争を鎮圧するために奔走する軍人のそれであり、書斎の哲学者のイメージからはほど遠かった。アウレリウスがつねに口にしていた言葉がある。それはプラトンの『国家』に登場するソクラテスが語った、「哲学者が王になって統治するのでないかぎり、あるいは王とか権力者とか呼ばれる人たちが哲学するのでないかぎり、国家にとって不幸がやむことはない」(『国家』473D)という言葉である(『ヒストリア・アウグスタ』所収、ユリウス・カピトリヌス「哲学者マルクス・アントニヌス伝」27)。アウレリウスは、ローマの宮廷の腐敗ぶりを見るにつけ、ソクラテスの右の言葉を心に念じていたものと思われる。

ソクラテスのよく知られた言葉に、「最も大切なのは、ただ生きることではなく、善く生きることだ」(プラトン『クリトン』48B)がある。プラトンの該当箇所を読むと、「善く生きる」ことは、「正しく生きる」ことに言い換えられているが、両者は別のことであることに注意する必要がある。日本語の善はしばしば正と同じような意味で理解されるが、ギリシア人が言っている「善」は道徳的な意味であるよりは、むしろ有益性を指している。つまり、善き生というのは、良い生活つまり幸福な生活のことなのである。これは人によってさまざまであろう。私たちはたいてい裕福な生活が良い生活だと考える。しかし、ソクラテスにとっては、そしてストア派においても、富のある生は必ずしも善き生であるわけではない。つまり、どのようにして善き生を送るか、幸福に生きるかは人それぞれで異なるわけである。

およそ生きることが可能なところでは、善く生きることも可能である。しかるに、宮廷でも生きることができる。したがって、宮廷においても善く生きることが可能である。(『自省録』V 16)

妙な三段論法の推論だが、先に述べたようにアウレリウスは宮廷と哲学の二重生活を送らねばならなかった。皇帝として宮廷生活をしながら、同時に哲学者として生きる。この場合の哲学はストア哲学である。

誰もお前の宮廷生活についての不満を聞くことがないように、お前自身も自分の不満を聞くことがないようにせよ。(『自省録』VIII 9)

哲学するためには、現在置かれているこの状況ほどふさわしい生活はないということが、どれだけ明瞭に示されることか。(『自省録』XI 7)

と心に言い聞かせている。けれども、その生活はアウレリウスにとっては心の安まるものではなかっただろうと推測される。

三　憂愁の哲人

内省の哲学

『自省録』を読む人には、その全篇になんとも言えないような憂愁の気分が漂っているのを感じられる。しかし、アウレリウスが説くのは、他のストア学徒と同様に、諦念、諦めの哲学ではない。エピクテトスは不退転の心の強さを強調していた。それではアウレリウスの場合はどうなのか。彼はまず自分の心に沈潜することを勧めている。内省である。

> お前にある内なるものを掘れ。お前の内には、もしも掘り続けるならば、つねにほとばしり出ることのできる善の泉がある。（『自省録』VII 59）

『自省録』は他人に向かって説教をするための書物ではない。むしろ、その大半は自分をみつめ、自分に対する反省の言葉で占められている（『自省録』VII 70, VIII 22, IX 39）。他人の思惑、評判、名声を顧みることなく、自分自身を高めるように努力せねばならない。そのためには、何をしたらよいのか？　アウレリウスは自分自身にこう諭す。

お前が周囲のものによって心をかき乱されるのを余儀なくされるとき、直ちに自分自身に帰るがよい。（『自省録』VI 11）

私は自分の義務を果たすのだ。他のことに心を奪われることはないのだ。（『自省録』VI 22）

ここで言われている「義務」は皇帝としての務めを指しているようにもみえる。『自省録』という書物は前後の脈絡のない断片的な言葉を書き連ねているだけなので、文意を摑むのが困難な時がしばしばあるが、おそらくここで言う「義務」はそのような意味ではないと考えられる。義務と訳したギリシア語は、以前にも紹介したが、「カテーコン」という語である。その本来の意味は「ふさわしい行為」である。もちろん皇帝としてのふさわしい行為は念頭にあるであろうが、アウレリウスにとって最もふさわしい行為は、ストア学徒として生きることである。

セネカも言っていたことだが、アウレリウスがつねに心がけたのは時を無駄にするなということである。永遠の時間と比べ、人の一生はあまりにも短いからである。

人生は短い。熟慮と正義をそなえ、現在を無駄にしてはならない。（『自省録』IV 26）

しかし、このことはその人の人生が結果として短かろうが、長かろうが違いはない。

最長の一生も最短の一生も同じことだ。現在はすべての人にとって等しい長さであるから。(『自省録』II 14)

各人はこの現在という一瞬だけを生きているのだが(『自省録』III 10)、しかし、その現在を含んでいる一生はけっして安定したものではない。このように、アウレリウスの場合においても、哲学の根底に置かれているのは人生や世界に対する無常観である。彼には「宇宙は変化、人生は思いこみ」(『自省録』IV 3)という言葉があるが、もともとは諺だと考えられ、原子論哲学者のデモクリトスにも、「宇宙は舞台、人生はパロドス。来て、観て、去る」(「断片」115 DK)という同じような趣旨の表現がある。パロドスは古代劇の入場の場面のことである。デモクリトスには無常観の意味を感じとることはできないが、アウレリウスは、人間の苦悩は思い込みから生じ、目の前にある世界はたえず変化し、関わり合うべきものではない、という意味で捉えている。

人間の生涯における時間は一点にすぎず、しかもその実体は流動的であり、その感覚は曖昧で、全身の組織は朽ちやすく、心は不安定であり、運命は測りがたく、評判は定かではない。これは要するに、身体に関わるすべては流れであり、心のそれは夢にして妄想、人生は戦い、異国人が滞在するかのごとく、死後の評判は忘却にすぎない。では、われわれを守りうるものは何であるのか。それはただひとつ哲学である。(『自省録』II 17)

したがって、「お前の残された人生を他人事に浪費してはならない」(『自省録』III 4)という言葉も、このような意味から理解されねばならないと考えられる。ここで、「他人事」と訳したところは、直訳では「他人についての表象」となる。つまり、他人についてあれこれ思い描いてはならないと言っているわけで、これはエピクテトスなどと共通するストア派の知恵である。

自然にしたがって生きよ

セネカの場合と同様に、『自省録』には必ずしもストア哲学とは関連のないものも含まれているが、その根底においては、彼の思想は間違いなくストア派のそれであった。『自省録』を理解するために、ストア派において重要な意味を持つ「自然」「死」「運命」について、彼がどのようなことを語っているかに耳を傾ける必要がある。少し長い引用になるが、次の文章を見ることから始めよう。

それでは、事柄の本質がどこにあるかを真に理解したのであれば、自分がどう思われているかなどを気にかけるのをやめて、余生がどれほど残されていようとも、お前の自然の欲するままに生きることができれば、それで満足するのだ。だから、自然が何を欲しているかをよく考えて、他のことに心を逸らせてはならない。すでに経験してわかっているだろうが、多くのことで道を踏みはずし、結果として善く生きるすべをみつけることはなかったのだ。それは論理学の推論にも、富にも、名声にも、享楽にも、どこにもない。では、どこにあるのか。人間の自然が求めるところをなすことにある。それではそれをどのようにおこなえばよいのか。欲求と行為の源泉となる信条を持てばよい。どんな信条か。およそ人間にとって、正しく、節度を持ち、勇気があり、自由の心を持つようにしないものは善ではなく、他方、今言ったのと反対の状態にしないようなものは悪ではないとする信条だ。(『自省録』VIII 1)

ここで「自然の欲するままに生きる」と語られる「自然」は、言うまでもなく山川草木の自然ではなく、人間が生まれながらにしてもつ自然である。善く生きること、すなわち幸福な生は、自然にしたがって生きることであり、それはゼノンをはじめとするストア学徒らがその信条としたものである。

死について

メメントー・モリー（死を忘れるな）の思想は、アウレリウスにおいても生きている。セネカはこのことについて私たちは「日々死んでいる」という表現をしたが、アウレリウスもまた、

万事につけて、今この世から立ち去ることもありうると考えておこない、語り、考えるようにせよ。（『自省録』II 11）

と述べている。しかし、それは死が恐ろしいからではない（『自省録』IX 21, XII 35参照）。むしろ、人間の判断力が徐々に失われていくためである。

急がねばならない。死が刻々と間近に迫っているからだけではない。物事を洞察する力と対応の能力が停止してしまうからだ。（『自省録』III 1）

私たちが死を思いつつ生きるようなことは、なかなかできることではない。たいていは日々の仕事やなすべき用事に忙殺される。肉親や友人の死を介して、いつかはやって来る自分の死を思い浮かべるにすぎない。しかしそれでも、自分が死んだときには、自分のことを、自分という存在があったことを人に知っていてほしいと願ったりする。死後の記憶、あるいは名声はそうした願いの現れだと言え

るだろう。しかし、アウレリウスはこう言って私たちを諌《いさ》めている。

死後の名声に心をときめかす人は、次のことに気づいていない。その人のことを覚えている人自身もまた、それぞれがたちまちのうちに死んでしまうのだ。そして、その後に続く人もまた死んでしまって、記憶が松明《たいまつ》の火のように付いては消えていくうちに、ついにはその記憶の全体が消え去ってしまうのだ。（『自省録』IV 19）

強壮な人でもやがては死ぬし、その生きている時間は、永遠に続く時間の中ではあまりにも短いと言える。

お前の後ろに［過去のこと］、永遠の深淵が口を開いているのを見よ。そして、前には［未来のこと］もうひとつの無限があるのを見よ。この無限の中では、三日生きた子と三代にわたって生きた老人とで何の違いがあるのか。（『自省録』IV 50）

三代を生きた老人とは、ホメロスの『イリアス』に登場する老将ネストルを指している。長生は人間の願いである。私たちは一日でも長く生きたいと思う。しかし、いずれもやがては死を迎え、その生きた時間は短く、その記憶もやがては失われてしまう。しかし、かと言って自分の境遇を嘆き、死を急いでもならない。死は誕生と同じく、自然の神秘のひとつであるから（『自省録』IV 5）、みずからの生を軽んじ死を急いでもならないのである。

死に対して、粗放な、あるいは性急な、あるいは傲慢な態度をとらず、むしろ自然のはたらきのひとつとして待つこと、これが熟慮を重ねた人間にふさわしいことである。（『自省録』IX 3）

ここで字句の説明を加えると、死に対する粗放な態度とは無関心であることを、性急な態度とは軽率な自殺を、傲慢な態度とはこれを侮蔑することを意味している。アウレリウスにおいても自殺は是とされるが、その意味は先に述べたように、心の弱さからくる安易な自殺ではなく、やむにやまれぬ状況に至ったときに選ぶ自死を認めるということである。

運命について

次に、運命についてアウレリウスが語っている言葉に耳を傾けてみよう。最も大切なことは、

なにかを追いかけもせず、避けもせずに生きる。（『自省録』III 7）

ことだとされている。これは奇妙な表現のように思われるであろう。積極的にはなにもすることなく生きるという受動的な生が善しとされているだろうか。別の箇所をみよう。

進んでお前のすべてをクロトに委ね、その望むままに、お前の運命の糸を紡がせよ。（『自省録』IV 34）

クロトのことは先にも出てきたが、運命の糸を紡ぐ女神のことである。両箇所で述べられているのは、運命の定めるところに身を任せよ、ということである。これらの箇所とつき合わせて読むべき箇所は、次の一節である。既存の訳では、「普遍的物質を記憶せよ」（神谷美恵子訳）とあるが、これでは何のことかわからないだろう。ここでは少し直訳に近いかたちで紹介する。

お前がごくわずかにしか与っていない全存在のことを、お前には短く、ごくわずかな時間しか割り当てられていない全永遠のことを、そして運命のことを、お前がどれほどの部分を占めるのかを心して考えてみよ。（『自省録』V 24）

この運命は摂理とも言い換えられる（『自省録』II 3）。同時に運命は神の定めることでもある。その運命に対して、人間はごくちっぽけな部分でしかない。さすれば、それが定めるところに身を委ねるがよい。運命に逆らうことなく、進んでこれを受け入れるのである。

起こりつつあることに自分の意志でしたがうのは、理性を持った生きもの［人間］にのみ許されており、他のあらゆるもの［人間以外の動物］には、ただしたがうことが強いられる。（『自省録』X 28）

右の訳文で、「他の」という語は原文にはないが、文脈からこれを補っている。ストア派の立場では、摂理によって定められたことを受け容れるのが賢明であって、これに逆らうのは愚かだということになる。これについてクリュシッポスが用いたとされるのは犬の例である。車につながれた犬は、自分の意志でついて行こうとすれば、必然とともに自由をも行使することになるが、これに逆らうならば、ただ引きずられていくだけで、自由を行使することにならない（ヒッポリュトス『全異端派論駁』I 21, 2）。ここではいわゆる自由意志と運命・必然の関係が犬を例に語られているのがわかるだろう。本来このようなことができるのは理性をそなえた人間だけである。

ドイツの哲学者ニーチェに「運命愛」という言葉がある。ラテン語でアモル・ファーティー（amor fati）という。この発想はきわめてストア派的である。ニーチェによれば、この世に存在するすべてのものは必然的にそのようにあるわけで、これを未来永劫《えいごう》において繰り返す。これが永劫回帰であるが、これを超克するための方途が運命愛である（ニーチェ『悦ばしき学問』276）。運命と定められたことをそのままに受け入れるのである。これはアウレリウスの次の言葉が示す思想とまったく同質のものである。

自分に起こり、織り込まれたものを愛し、歓迎すること。（『自省録』III 16）

ここで使われている「織り込まれた」というギリシア語は、運命の女神についてしばしば用いられるもので、女神が定めとして織り込んだ人生を指している。同様の表現として、

お前に割り当てられたことを愛するために。（『自省録』XII 1）

というのもある。これもその人の運命を指している。しかし、これはなにもかもを諦めてしまう諦観

の哲学ではない。

各人の価値は、その人が熱心に追い求めてきたものの価値に等しい。(『自省録』VII 3)

このように、アウレリウスの運命愛の思想はけっして怠惰に生きることを勧めるものではない。こんな言葉もある。

お前自身には実行しがたいことがあるとしても、それが人間には不可能なことだと考えてはならない。むしろ人間にとって可能でふさわしいことであるならば、お前もなし遂げることができるのだと考えよ。(『自省録』VI 19)

明け方、起きたくないときには、こんな言葉を用意しておくことだ。「人がすべき仕事のために起きるのだ。そのために自分が生まれ、そのためにこの世界に来たことをするために行くというのに、まだ気が進まないのか。それともお前は、寝床にくるまって、身体を温めるようにできあがっているのかね」。(『自省録』V 1)

それではその自分はどのように生きるべきなのか。アウレリウスは現在を大切に生きよ、と言っていた。しかし、そうは言っても、快楽主義のようにカルペ・ディエム(現在を楽しめ)とは言わない。むしろ、彼が説くのは、

神々を敬い、人びとを助けよ。人生は短い。地上に生を享けての唯一の収穫は、敬虔《けいけん》な態度と共同体の

ための実践である。（『自省録』VI 30）

ここで「共同体のための実践」と訳したのは、ギリシア語原文ではプラークシス・コイノーニカイとなっている。その意味は何であろうか。『自省録』には三つの翻訳があるが、念のために確認してみると、「社会を益する行動」（神谷美恵子訳）、「社会的行為」（水地宗明訳）、「公共を想う行為」（鈴木照雄訳）となっている。少なくとも前二者は社会に対してなんらかの貢献をすることを意味するであろう。しかしはたしてそのような意味なのか。それを次に考えてみよう。

四　コスモポリタニズム

知性の共同体

アウレリウスの哲学は「政治」と結びついていない。これは非常に興味深い事実である。ストア派はエピクロス派とは異なり、政治に参加することを妨げていない。しかし、積極的に政治を論じることはなかった。一番政治に近い皇帝でさえ、その思想は政治と結びついていないのである。この点では、ポリスの哲学であったプラトンやアリストテレスと根本的に異なっている。プラトンやアリストテレスの場合には、人間の幸福の追求は同時にポリスの幸福を希求することと同じであった。つまり、彼らの哲学は政治とは分離しがたく、哲学を論じることは現状の政治を批判することでありえたのである。しかし、ヘレニズム時代以降の哲学は、個人の幸福を追求するものであり、時代の制約とはいえ、そこにはひとつの限界があったと言うことができるであろう。しかしそれでは、そうしたなかで右に述べた「共同体のための実践」とはどのような行為であるのか。

理性的な生きもの［人間］にとっての善とはコイノーニアーである。（『自省録』V 16）

ここで人間の善とされる「コイノーニアー」はどのような意味か。先の「コイノーニカイ」はこの語の形容詞である。神谷訳はここでも「社会生活を営むこと」というように、あくまでも公的な生活の意味に解している。しかし何度も繰り返すけれども、ストア派の哲学は個人的な義務を教えても、どのようにして政治を導くかを示すものではなかった。アウレリウスがここで構想している思想は、むしろ世界市民主義に関係していると考えられる。世界市民主義、あるいはコスモポリタニズムは、ストア派の重要な思想であるが、後期ストア派ではアウレリウスにおいて最も顕著に現れている。アウレリウスは『自省録』においてこの思想にしばしば言及しているが、その一例を次に示そう。

英知的な能力が私たちに共通のものであるならば、私たちがそれによって理性的でいられる理性もまた共通のものである。もしそうであるならば、私たちになすべきこと、なしてはならぬことを命令する理性もまた共通のものである。もしそうであるならば、法もまた共通のものである。もしそうであるならば、私たちは同市民である。もしそうであるならば、私たちはある政体に参加している。もしそうであるならば、宇宙は国家のようなものである。なぜならば、他のいかなる共通の政体に全人類が参加していると、人は言うであろうか。（『自省録』IV 4）

ここでは人間の持つ理性によって、なすべきこと、なしてはならぬことを示す法が生まれ、その法の下に人間が同じ国家（ポリス）を戴く同市民となり、共通の政体（国家体制）を持つに至ると述べられている。ところが、続けてすぐにアウレリウスは宇宙に言及して、私たちを戸惑わせることになる。これはどのような意味なのか。別の箇所を見よう。

ひとりの人間の全人類に対する親縁性がどれほど大きいかを知れ。それは血や子種ではなく、知性の共同体であるからだ。（『自省録』XII 26）

ここで親縁性と訳されたギリシア語はシュンゲネイアで同族性とも訳しうる。人間が人間であるがゆえに持つ他の人間との親密性を指している。そして、それは知性に基づく共同体《コイノーニアー》を形成する。これがアウレリウスの説く世界市民思想、コスモポリタニズムである。ここでアウレリウスが語る意味をもっとよく理解するために、ストア派のコスモポリタニズム（世界市民思想）の系譜をはじめからたどってみよう。

コスモポリタニズムの系譜

この言葉を最初に用いたのは、ストア派ではなくキュニコス派のディオゲネスである。ディオゲネスは、どこの国の人かと訊かれると、「コスモポリーテースだ」（DL VI 63）と答えたと言われる。もっとも、このディオゲネスに関する所伝は、前後の脈絡が明らかではなく、資料の数も限られているために、その真意は必ずしも明らかではない。後代の著作家たちはこの言葉をコスモポリタン的な文脈で解釈しようとした。一例を挙げれば、エピクテトスは、『語録』(III 24, 64—66)において、ディオゲネスは人間共同体のために非常な労苦を惜しむことはなかったが、それは彼の人間愛(ピラントローピアー)に由来するという意味に解釈している。しかし、現代の学者の多くはエピクテトスが考えているようなコスモポリタニズムをディオゲネスに帰することに否定的である。むしろ、それはいわゆるアナーキズムとでも言うべきもの、せいぜい消極的なコスモポリタニズムにすぎない、という見方が多い。

一方、近代のコスモポリタニズムの概念は、カントの『永遠の平和のために』に代表されるように、戦争の防止ないし停止と平和の樹立という理念と深く結びついているが、カント自身の古典からの引用が明らかに示しているように、この概念は古代ギリシア思想に起源を持つと一般に考えられている。特に、アメリカの古典学者・政治学者のヌスバウム(M. C. Nussbaum)はその起源を古代ギリシア思想に求め、現代における平和の実現や国境を越えた人権の擁護のための有効な思想として、コスモポリタニズムの再評価を提唱している。しかし、このような動向に対して反対する論者も少なくない。それは、このような試みは近代的な啓蒙思想を古代哲学の解釈に押しつけようとするアナクロニズムではないかという批判である。

さしあたって古代のコスモポリタニズムを問題にするときに、決まって引用されるのが右に挙げた、ディオゲネス・ラエルティオス『ギリシア哲学者列伝』の一節である。コスモポリーテース(世界市民、文字通りにはコスモスに住まう市民)という語は、用例が限られているが、ディオゲネス・ラエルティオスが伝えるのがディオゲネス自身の言葉であったとすると、これが最も古い用例となる。

前の章において述べたように、ディオゲネスは「ノミスマを改める」ことを自分の哲学になぞらえた。現存の法・慣習を改鋳することとは、今とは異なる法・慣習を現実の国家の法として制定することを求めるものではない。ディオゲネスにとって唯一正しい国家は天上《コスモス》にある国家であって、地上国家は本来には国家たりえないのである。したがって、その法とは、ディオゲネスが夢見た天上国家において定められた法であって、現実の司法によって示される法ではないことになる。

もっとも、そのような天上国家を、ディオゲネスが具体的にどのように描いていたかを想像することはほとんど不可能であるが、ディオゲネスが悲劇にあるみずからを呪う言葉が自分の身によくあてはまっていると言っているのが、彼の世界市民主義を考える上での参考になるだろう。

> 国もなく、家もなく、祖国を追われ、
> 日々の糧をもの乞いしつつ、さすらい行く者。（DL VI 38）

国のない（ポリスのない）生を生きるという彼のコスモポリタニズムは、今日のアナーキズムとでも言うべきものでしかないという評価を誤りと言うことはできないであろう。

しかし、ここであらためて考えてみる必要がある。ディオゲネスのコスモポリタニズムはポジティブなものではない（これが現在少数の例外を除けば、大方の評価である）と言うときに、何をもって、どういう基準の下にポジティブでないとするのかである。ディオゲネスのポリスなき生は、人びとに空疎なノミスマを捨てて、真実の徳を目指せと身をもって示そうとする点では、十分にポジティブな生き方を示していると言うことができるだろう。ディオゲネスが「コスモポリーテース」をもってみずから任じていたという話が本当であれば、市民生活を共有し、自由に政治を語りえたポリスを喪失した彼は、宇宙を一個のポリスとみたてて、その広大なポリスの市民たることを欲したということになろう。

私たちがここであらためて注意しなければならないのは、コスモポリタニズムという言葉は近代語であって、それに直接対応するギリシア語がないことである。したがって、ギリシアの思想にその起源を求めると言っても、その語をどのように定義するかによって求められるものも大きく異なってくるわけである。かりにコスモポリタニズムを定義したとしても、その定義によって何をイメージするかは、今日においても意見が一致しているわけではない。それは祖国愛とは矛盾するものであり、祖国愛を否定することによって成り立つのか、あるいはヌスバウムが考えたように、祖国愛とは矛盾せず、それをも包摂しうる概念であるのか。国家や民族を越えて、私たちが人間であるという点で共通性を有するという主張が有効であり、現実味のあるものであるためには、人類愛は地上の国民国家を通じて実現されねばならないはずである。

このような視点から、もう一度はじめのエピクテトスのテキストに戻って考え直してみたい。

ディオゲネスは、あれほど穏やかで、人間を愛して（ピラントローポス）、その結果、人間社会のために非常に大きな労苦と肉体の苦痛に喜んで耐えた人であるのに、なんぴとをも愛さなかったと言うのか。いやむしろ、どんなふうに愛していたのか。それはゼウスに仕える者が愛すべきような仕方である。つまり、その身を心配し、神に対するように、仕えることによってである。だからこそ、彼ひとりにとって、大地のすべてが例外なく祖国であったのだ。（『語録』III 24, 64—66）

ヌスバウムは古代のコスモポリタニズムの中に、階級、地位、身分、出身、居住地、性別を越えて、人間愛《ピラントローピアー》によって支えられた世界市民思想を読み取ろうとしているが、このエピクテトスの解釈をみるかぎりでは、そのような試みはまったく的外れとは言えないだろう。しかし、このような人間愛の思想はディオゲネスの、そしておそらく初期ストア派の哲学にも見出されない。では、それはどこから来たのか。

もうひとつこれと関連するのは、プルタルコス『アレクサンドロスの運と徳について』のよく知られた一節である。

ストア派を設立したゼノンの、大いに称賛された『国家』は、要するにただひとつの目的を目指すものである。すなわち、私たちはそれぞれ国家《ポリス》ごとに、あるいは区《デーモス》ごとに固有の正義によって区別されながら住んでいるわけではなく、むしろすべての人間を同区民であり同市民であると考えて、ちょうどひとつの群れの家畜が共通の法《ノモス》によって育てられているのと同じように、生活も秩序もひとつにするためなのである。ゼノンはこれをいわば哲学者による支配や国家の夢ないし影像をスケッチして描いたのであるが、アレクサンドロスがその理論に実質をあたえたのであった。（329A―B）

ここで語られる思想は、私たち人間にとって重要な共同体は、出生においてその帰属が決められたポリスではなく（あるいはそれとともに）、そのすべてを包含するものであり、しかもそれぞれのポリスがそれぞれ異なる正義や法《ノモス》を持つのではなく、共通の正義、法によって支配されている、というものである。

ここで注意したいのは、ディオゲネス・ラエルティオスが紹介しているストア派の「学説」と決定的に違うところがある。その箇所を見ると、ゼノンの『国家』によれば、

優れた人びとだけが同市民であり、友人であり、身内の者であり、自由人である。（DLVII 33）

ここで言われる「優れた人びと」とはストア派が理想とした賢者を指している。つまり、これ以外の一般の劣った人間は共同体から排除されていたのである。しかし、プルタルコスは、ゼノンの同じ『国家』においては、徳のある賢者にのみ限定されるのではなく、すべての人間を包含する共同体が思い描かれている、と理解しているのである。

おそらくプルタルコスは、ゼノンの『国家』を直接読んでいたと思われる。彼の『食卓歓談集』(653E）には、「ゼノンの『交わる』話も酒宴での冗談であって、あのような真剣な書物『国家』の中に置こうとは望まなかったであろう」と述べている。先にも述べたが、ゼノンの『国家』はいまだキュニコス派の影響の下にあったときに書かれたものなので、フリーセックスの勧めとも読める一節を指している。ここで重要なのは、プルタルコスがこれはゼノンの真意ではなかったと解釈していることである。『アレクサンドロスの運と徳について』において述べられたことも、『食卓歓談集』の場合と同様に、プルタルコスがゼノンの真意として読み取った解釈を述べているのであると考えられる。

ここでコスモポリタニズムをソクラテスに関連させているテキストをみることにしよう。プルタルコスの『追放について』によると、

英雄ヘラクレスは、「私はアルゴス人でもテバイ人でもある。私はひとつの国家のために祈るのではなく、ギリシアのすべての城壁が私の祖国なのだ」と言ったが、ソクラテスはもっとうまく、「私はアテナイ人

でもなく、ギリシア人でもなく」、ちょうど人がロドス人やコリントス人といった言い方をするように、「むしろ世界人（コスミオス）である」と語っている。なぜなら、ソクラテスはスニオン岬とタイナロン岬とケラウニア山脈の間［ギリシア本土のこと］に自分を閉じ込めはしなかったからである。（600F—601A）

とある。ここでは「世界市民」を表す語として、正確にはコスモポリーテースではなく、コスミオスが使われているが、コスミオス（Cosmios）という表現には、ロドス人（Rhodios）やコリントス人（Corinthios）とに合わせた言葉遊びがある。つまり、ロディオスがロドス人であるように、コスミオスはコスモス人であるということである。このように、世界市民をソクラテスの言葉とする同様の内容の記述は、キケロやエピクテトスにもあるのだが、私たちは普通コスモポリタニズムをソクラテスと結びつけては考えない。それはなぜかと言うと、プラトンをはじめ現存する資料の中に、ソクラテスのこのような発言はみられないからである。

プルタルコスが述べている意味について考えてみよう。

(1)アルゴス人、あるいはテバイ人である。（ポリスの城壁内が祖国）——一般のギリシア人
(2)アルゴス人でもテバイ人でもある（ギリシア全土が祖国）——ヘラクレス
(3)アテナイ人でもギリシア人でもない（祖国を限る城壁はない）——ソクラテス

厳密には、(2)までは、まだ世界市民ではない。これだけではギリシア世界における人間は同市民

であるという主張でしかないからである。しかし、ソクラテスの場合はそうではない。プルタルコスは続いて語っている。「君には見えるだろうか、高く無限に広がるこの天空が、その柔らかな両腕に大地をも抱きかかえているのを」(601B) というエウリピデスの詩 (断片941) を引用しつつ、これこそが祖国の境界だとしながら、そこには追放者もよそ人も外国人もいないという。その後にプラトンの『法律』(IV 715E—716A) の一節——それは万物の尺度は神であることを言う有名な箇所——の中で、神の法に言及し、その上でプルタルコスは「私たちすべての人間は、その自然本性からして、その法を市民であるすべての人間に対してあたかも同市民に対するように用いるのである」と述べる。このように言うためには、人類の全体が根本的に、かつ深いところでつながっているのでなければならないはずである。

ここでプルタルコスが述べているのは、ギリシア人と非ギリシア人(バルバロイ)の区別を越えて適用される、共通の法の下での支配であるが、実はこのような思想をソクラテスにまでたどることはできない。確かに、ソクラテスは、プラトンの『国家』において、ある種のコスモポリタン的な思想を語っている。ソクラテスの「正しさ(正義)」とは何であるかという問いに対して、対話の相手が「友(味方)には利益を、敵には害を」と答える。当時のギリシア市民は、いったん他国の軍隊が侵略してくると、女子供らはポリスの中でも、比較的高い所、すなわちアクロポリスに避難して、男たちはポリスの城壁の内側に立て籠もって、応戦したことがしばしばあったし、これに敗れるならばどのような辛い目に遭うことになるかについても、いやが上にも承知していたわけである。これはまた愛国心とつながることにもなる。同時にまた、彼らの同胞に対する友愛はけっしてポリスの城壁を越えることはなかったと言うこともできるだろう。このような狭い同胞愛に対して批判的な者もいた。

そのひとりがソクラテスである。

ソクラテスは「正しさ」は味方とか敵とかいうことには直接に関係しないと述べている。つまり、ソクラテスが求めた正しさ、正義の本質は敵味方を越えた普遍的なものであったわけである。さらに、ソクラテスは同じ作品のもう少し後のところで、ギリシア人が互いに戦い合うことの愚についても語っている。ギリシア人同士の戦争とは、実はスタシス、すなわち内乱、内輪もめであって、戦争ではないと言われる。このように、ソクラテスにおいてこそ人類愛の、そしてコスモポリタニズムの思想の萌芽を見出すことができるだろう。しかしながら、少なくとも私たちがプラトンを通じて知っているソクラテスの人類愛は、厳密には、先ほどの区別で言えば、おそらく(2)までであって、(3)ではない。ソクラテスの思想に、ギリシアと非ギリシアとを越えて、人類一般について普遍的な友愛の思想を求めることはできないからである。

先に引用したプルタルコスの『アレクサンドロスの運と徳について』では、ゼノンの『国家』がコスモポリタニズムを提唱し、しかもそのような世界市民思想がアレクサンドロスによって実現されたと主張されているが、アレクサンドロスの偉業がコスモポリタニズムを目指すものであったというこのプルタルコスの解釈に対して、以前にはターン（W. W. Tarn）のような賛同者を見出したが、今日のおおかたの歴史家はこれについて懐疑的な見方をしている。同様に、彼がソクラテスの思想に見出したコスモポリタニズムは、プラトンのソクラテスの解釈としては正確なものであるとは言えない。

以上のように、コスモポリタニズムと言っても、さまざまな段階が考えられるわけで、ソクラテスにもコスモポリタニズムの萌芽を見てとることができても、それは全人類を包含するものではなかった。ディオゲネスのそれもアナーキズムとでも言うべき生き方であった。一方、ゼノンやクリュシッポスなどの初期のストア派にも、コスモポリタニズムと言うべき思想があった。彼らの著作は失われて現存しないため、残された断片資料からその思想を復元するのには容易ではないが、特にクリュシッポス（『初期ストア派断片集3』「正義と法」所収の断片群）には関連する断片が残っている。そのうちのひとつを引用してみると、

人間の自然本性は、人類にいわば国家の正義を介在させている。（キケロ『善と悪の究極について』III 67＝『初期ストア派断片集3』371）

というような言葉がクリュシッポスに帰せられているのが注目されるだろう。関連する断片資料から判断すると、クリュシッポスは人類共通の正義の存在を考えているようである。その意味では、ある特定の国家を越える正義の存在を認めることによって、コスモポリタニズムが構想されていると考えられるかもしれない。ただし、ここでの文脈をみると、ある動物の命を助けるかどうかが問題になるときに、クリュシッポスは人間と人間の間にみられるような正義は、動物との間には存在しないことを論じているわけで、特に全人類における正義ということが強調されているわけではないから、クリュシッポスのコスモポリタニズムの実質的な内容が何であったかは、依然として不明なままである。

さらに、すでに述べたように、ディオゲネス・ラエルティオスが紹介する「ストア派の思想」は初期ストア派のそれの概要を示したものだが、「優れたものだけが同市民」だと述べているのを考えると、初期ストア派には過つことのない賢者を頂点に置く独自の選民思想がみられるのであって、そこにはコスモポリタニズムの萌芽を見てとることができても、おのずから制限があったのではないかと考え

るのが自然であろう。

一方、パナイティオスの中期ストア派を見ると、こうした選民思想は影をひそめ、過つことのある一般の人間に焦点が移っている。キケロはパナイティオスについては、全人類を支配する正義や共同関係の思想がみられるとしている（『法律について』I 28―32、『義務について』III 27）。後期ストア派にみられるようなコスモポリタニズムの起源はパナイティオスにあったと考えることも可能である。しかしながら、パナイティオスの著作そのものが現存するわけではなく、キケロがどの程度彼の思想を正確に復元しているかに関しても、諸家の見解は一致しているわけではない。また、パナイティオスが初期ストア派の見解にしたがっていない点についても、アリストテレスの学派であるペリパトス派からの影響などが推測されているが、この点についても決定的なことはわからないと言うしかないだろう。

＊コスモポリタニズムの起源に関しては、研究者の間にさまざまな議論がある。本書では比較的オーソドックスに近い立場から述べたが、川本愛『コスモポリタニズムの起源』（近刊、京都大学学術出版会）はその起源がすでに初期ストア派にあったとする立場から論じている。

アウレリウスの博愛思想

ここでアウレリウスに戻ろう。後期ストア派、すなわちローマのストア哲学者たちにみられるコスモポリタニズムが成立した要因として、いろいろなものが推測されうる。帝国を取り囲むいわゆる「ローマの平和（パークス・ローマーナー）」の思潮が、そのようなコスモポリタニズムの土壌を作ったとも考えられるだろう。アウレリウスの時代には、その平和はけっして安定したものではなかったが、『自省録』を読むかぎり、全人類に対する同胞意識が何度も強調されているのがわかる。これはヌスバウムが読み取ろうとした近代的なコスモポリタニズム、すなわち平和の実現し国境を越えた人権の擁護を求める思想とそのまま同じだとは言うことはできないであろうが、後者は古代の思想から触発されて成立したものであることは間違いないところである。

もうひとつアウレリウスを読んでいて気づくのは、キリスト教の博愛思想に近いものが語られているところである。

過失のあった者を愛するというのは、とりわけ人間的なことである。（『自省録』VII 22）

全人類が同胞であると見ることから、人類愛、隣人愛の思想もまた生まれてくる。アウレリウスの言葉はキリスト教の博愛思想に近いものだと考えられており、こうしたことが近代において『自省録』が愛読されたことの一因にもなったのである。しかしながら、アウレリウスとキリスト教徒は同時代に存在しながら、なんらの接点もなかったことは興味深い。『自省録』でキリスト教に言及している箇所がひとつある。

キリスト教徒のように、むき出しの反抗精神に駆られてではなく……。（『自省録』XI 3）

興味深いことだが、「キリスト教徒のように」の語句は伝承された写本にはあるのだが、たいていの校訂本では削除されている。しばしばこの句は後代の付加だとか竄入《ざんにゅう》だとかみられているが、ギリシア語原文に不自然さはまったくないのである。こうした誤解は、同時代の歴史を理解していないことから生じてくる。いずれにしても、哲人皇帝の目には、当時のキリスト教徒は、偶像破壊を繰り返す狂信者の集団だとしか映らなかったわけで、五賢帝時代にもキリスト教への迫害があったし、アウレリウスが亡くなる直前の一七八年にも同様の迫害があったことがわかっている。アウレリウスがキリスト教思想に近いところにありながら、まったく理解することがなかったことは皮肉としか言いようがないであろう。

終章　ストイックに生きるために

怒りについて

私たちは日常生活の中でしばしば怒りを爆発させる。食欲について言えば、なにかをどうしても食べたいような気になったとき、この欲望を抑えることは可能である。食欲だけでなく、一般に欲望をコントロールすることはできる。しかし、怒りは瞬発的なものであるだけに、抑えるのがきわめて困難である。自分が気にしていること、悩んでいることに対して直接言葉に出してなにか言われたりすると腹が立つことがある。あるいは、自分の子供や友人が誰かに虐げられるようなことがあれば、怒りを感じる。あるいはさらに、政治家が予想だにしないような不正を犯しているとき、これに憤慨することはよくある。こうした怒りを抑えるのはむずかしいし、時には怒りを感じるのが当然だと思うこともあるだろう。

　怒りは思慮ある者でも煽《あお》って逆上させ、したたり落ちる蜂蜜よりもはるかに甘く、人びとの胸の内に煙のごとく充満する。（ホメロス『イリアス』XVIII 108）

これは怒りの本質について述べた最も古い例であり、怒りを扱うことのむずかしさを語っている。しかし、怒りは時として必要な場合もあるだろう。例えば戦争である。敵に対して怒りを感じることは、味方の士気を挙げることになる。戦争でなくとも、スポーツの試合でも怒りは重要な要素である。前回の負けに対して雪辱を晴らすためには、怒りをぶつけるのが手っ取り早いと考えられよう。しかし、過度の怒りは自分を見失わせることにもなる。何気ないことに怒りを感じ、時には相手に対して暴力に及び、後になって怒りがさめると後悔するというようなことは、誰にでもあるだろう。

度が過ぎた怒りは狂気を生む。（セネカ『倫理書簡集』XVIII 14）

これは快楽主義者のエピクロスの言葉だが、セネカが引用している。セネカの章ですでに紹介しているが、彼の『怒りについて』は怒りを制御すべきことを諄々《じゅんじゅん》と説いた長い論説である。プラトンやアリストテレスは、怒りは時として必要だと考えたが、セネカはこれを認めていない。ストア派ではないが、哲学者のピタゴラスも同様なことを言っていた。

第一に胃袋、睡眠、性欲、そして次に、怒りを抑制するようにせよ。（ピタゴラス『黄金詩』9）

『黄金詩』はピタゴラスに帰せられる作品だが、本当にこの哲人が書いたものかどうかわからないので、そういう割引きをしたうえで、ここに掲げておく。いずれにせよ、怒りとは不思議な感情である。欲望、欲求の場合には、歳とともにこれが衰えるのが普通である。若者に負けないくらいに食欲や性欲をみせる人もいるが、こうした例は多くはない。しかし、怒りの場合はこれとは違っている。私たちは若いときに他人によって受けた仕打ちをいつまでも忘れることができないことがよくある。

怒りは死ぬまで老いることはない。（ソポクレス『コロノスのオイディプス』954―955）

怒りは欲望とは異なり歳をとらないようにみえる。こうした怒りは時には取り返しのつかないようなことをしでかす。これに対する対処法として、先の章でも引用したが、

怒りに対する最大の対処法は猶予を置くことである。（セネカ『怒りについて』II 29, 1）

とセネカは勧めている。しかし、私たちはストア派の哲人が言うように、どんな場合も怒りを抑えるというようなことができるだろうか。自分の子供や友人が目の前でからかわれたり、いじめられたりしているときに、心を鎮めて怒りを抑えているようなことはむしろ非情な人間のすることだと考えるだろう。けれども、ここで注意しなければならないのは、黙ってみていろと言われているのではないということである。

なにごとにつけわれわれが公平な審判者であろうと欲するならば、われわれのうち誰ひとりとして過たない者はいない、ということをまずは肝に銘じなければならない。（セネカ『怒りについて』II 28, 1）

人の過ちに対して怒りを感じたとき、その感情を抑え込むのではなく、なぜ自分が怒りを感じているのかをよく考え、相手に言うべきことを言って、必要ならその相手を断固として罰するのでなければ

ばならない。しかし同時に自分もまた同じような過ちを犯したことを忘れてはならないのである。セネカが挙げた裁判官の例もすでに引用しているけれども、ここでもう一度掲げておこう。

優れた裁判官は不正を罰するが、それを憎むことはない。（セネカ『怒りについて』I 16,6）

「罪を憎んで人を憎まず」とか、キリスト教でよく言われる「罪を犯した者を愛し、罪を憎め（Love the sinner, hate the sin）」は、ともに罪を憎めということだが、セネカは罪を憎むのではなく罰するのだ、と言うのである。

悲しみについて

ディオゲネス・ラエルティオスが伝えるストア派の教義の箇所をみると、「賢者は悲しみ（苦痛）を感じることもない。悲しみは心が萎縮した不合理な状態であるから」（DL VII 118）とある。初期ストア派の賢者は苦しんだり悲しんだりすることはないと言われるが、そうした賢者に対して、私たちはなんら人間的なものを感じ取ることはできないであろう。苦しむから、悲しむから人間なのではないか。しかし、セネカを読むと、初期ストア派とはずいぶん違っていることに気づかされる。『ポリュビウスへの慰めの手紙』の最後のところでセネカは、「自然は私たちにある程度の悲しみを強要するが、それ以上の悲しみはむなしい想像によって引き起こされるものである。それでも、私は絶対に悲しんではならないとあなたに強要するつもりはけっしてありません」（『ポリュビウスへの慰めの手紙』XVIII 4―5）と語っている。ここで言われる私もあなたも、初期ストア派が至高とした賢者などではなく、普通の人間である。身内の人間や友人が死んだら、これを悲しむのは当然であるが、セネカが言おうとするのは、それから後のことである。続けて、セネカは語る。「理性をして、悲しみを無関心にも狂気にも類することのない程度に留めさせ、愛情深く動揺のない精神の状態を保つようにさせるのがよい。涙を流すのはよい。しかし、それをまた止めなければならないのだ」（同所6）。このようにセネカはまったく感情を表に出さないような人間になれと言っているのではない。悲しい出来事に接したとき、自然のあるがままに悲しむのはよいが、その悲しみをいつかは克服しなければならないことを知っておく必要があるということである。

エピクテトスの言っていることも、セネカとは表現が異なるが、同じことである。この点についても、すでにエピクテトスの章で述べているが、誰かが子供を亡くしたり、財産を失ったりしたとき、その人は外的な出来事のために不幸なわけではない、と言われていた（『要録』16）。しかし、他人の子供が死んだときに、エピクテトスにしたがって、「あなたは不幸ではないですよ。あなたを不幸にしているのは、子供が死んだという事実ではなく、それについてのあなたの思いなのだ」などと言えば、相手は憤慨するであろうし、言った人は殴られたりするかもしれない。人はその事実に苦しむのであって、その思いのために苦しむのではないからだ。しかし、エピクテトスが述べていることはそうしたことではない。子供が死んだり、財産を失ったりすれば、それを悲しむのは当然である。嘆くのがよいのだ。しかし、心底から嘆いてはならない（『要録』16）。ここでエピクテトスが問題にしているのは善と悪である。ストア派にとっては、健康や病気がそれぞれ善と悪ではない。エピクテトスは足が不自由であったが、そのことは彼にとって悪いことではなかった。さらに、子供の死も財産の喪失も同様に悪ではなかった。では善悪はどこにあるのか。それはそうした外的な事実に対するその人の思いにある。つまり、外的な事実に対して自分がどのような態度をとるかによって、善か悪かが分かれてくると言うのである。

不動の心を持て

私たちは他人の何気ない言葉に深く傷つくことがある。あるいは、理由のない侮辱を受けたりすることもある。あるいはまた、もっとひどいことに、暴力を加えられることもあるだろう。私たちはこうした言動に対して、怒りに任せやり返すかもしれない。リヴェンジである。しかし、相手に中傷されたり、侮辱されたり、暴力をこうむったりするときに、私たちはどのような態度をとればいいのだろうか。ストア派の知恵が勧める対処法は、相手の言葉や行為に心を乱されるな、ということである。セネカは『怒りについて』において、ソクラテスが見せた二つの態度を挙げている。ひとつは、声を低くして言葉を少なめにすること。この場合は、明らかにソクラテスは怒り狂う自分自身に抵抗しているのだが、怒りを鎮め、自分の心の内にあるものを少しずつ外にあるものに適応させているのだ（『怒りについて』III 13）。セネカが挙げるもうひとつの例は、ソクラテスが平手打ちを喰ったときのことである。ソクラテスはすかさず、「やれやれ大事なことを忘れていた。かぶり物をして外に出るんだった」と言ったという（『怒りについて』III 11）。後者の例は、ディオゲネス・ラエルティオスではキュニコス派のディオゲネスの話になっているのだが（DL VI 41）、それはとにかく、平手打ちを受けて相手にやり返さないのは、怯懦《きょうだ》の現れのようにもみえる。やり返したくてもやり返せないからではないか。しかし、本当のところはそうではない。もちろん相手の言葉や行為が法に背くものであれば、それなりの対処すべきやり方があるだろう。しかし、重要なのはそのことではない。ストア派が重視するのは、自分にどのように侮辱が加えられたかではなく、自分がその侮辱にどのように耐えたかである。

侮辱や暴行を受けたとき、リヴェンジできるかどうかは相手との力関係による。自分が相手より強ければ仕返しができるだろうが、相手の腕っぷしが強ければなかなかむずかしいだろう。あるいはまた、力関係においてこちらが絶対的に弱い場合もある。それは主人と奴隷の関係である。当時は、奴隷は家財の一部であったから、どれほど打擲をあたえても罪を問われることはない。エピクテトスは後には解放されたが、奴隷の境遇を経験している。しかし、彼が説くのがひたすら耐えるだけの忍苦の哲学でなかったことは先の章でも述べた。哲学者の髭の例は先の章で挙げたが、哲学者は当時髭を生やしていたから、哲学者を自負するエピクテトスに髭を剃れと言っても、彼は断固として拒否した。ならばお前の首を切るぞと言われても、ならば切るとよかろうと応答している（『語録』I 2, 29）。『語録』を読んで感じるのは、このようなエピクテトスの断固たる意志の強さである。なにごとにも動じることのない強い精神をもつことが大事で、そのために訓練が大事だとこの哲人は説いている。『語録』にはキュニコス派を扱った長い章がある（『語録』III 22）。犬の哲学者ディオゲネスは貧窮の生活を送った。ミニマリストの生である。しかし、エピクテトスがディオゲネスの生き方から学んだのは、ミニマリストの生を生きるというそのことではないように思われる。むしろ、そうした生活に耐えるために精神を強くせよということなのである。

ただ、その場合にエピクテトスは前もって重要な区別を立てていた。「力の内にあるもの」と「力の外にあるもの」の区別である。私たちの意志は前者に関係している。例えば、私たちの身体である。エピクテトスは身体を私たちの「力の外にあるもの」だと考えた。もちろん身体を日々に鍛えることによって、それを強壮なものにすることができる。あるいは、身体の健康を維持するために、毎日薬やサプリメントを欠かさない人もいる。そうするのは私たちが自分の身体をコントロールすることができると信じるからである。だから、そうした努力は無用だとエピクテトスが考えているわけではない。けれども、そうした努力をどんなに重ねても、私たちは病気になるし、いつかは死が訪れる。エピクテトスが言っているのはこの瞬間である。

人の心をかき乱すのは事柄ではなく、事柄についての思惑である。（エピクテトス『要録』5）

エピクロスも主張していたが、私たちが死に恐怖を抱くのは、死そのものではなく、死についての思いである。それが私たちを恐怖に陥れるのである。死に限るわけではないが、私たちがそのような事態になったときに、どのような態度をとるか、ここからエピクテトスの哲学が始まるわけである。

今まではほとんど読まれることはないかもしれないが、フランスの古典喜劇にモリエールの『病は気から（原題は*Le Malade imaginaire*）』という名作がある。主人公のアルガンは自分が病気だと思い込んでいる富者で、それをいいことに医師や薬剤師が彼を食い物にしているというような話が出てくる。私事で恐縮だが、筆者はずいぶん以前に頭痛で苦しんだことがあった。頭痛は一週間ほど続いたため、脳になんらかの障害があることを覚悟せねばならなかった。妻は看護師である。妻に相談すると整骨院に行くことを勧めてくれた。その言葉は私が最も予期しなかったものだったが、言われるままに整骨院に行った。原因は肩こりだった。そして、肩こりがなくなると、頭痛も自然に消えた。

このように私たちは身体の小さな不具合を非常な大事と受け取ってしまうことが少なくない。むしろ、あれこれとくよくよ考えるな。もし夜に眠れなければ、安定剤を服用すればよかろう、と言うのがより適切かもしれない。しかし、このことはストア哲学を批判するものではないことに注意しておく必要がある。心の平静を達成するために、ストア派の知恵を実践するか、それとも薬を飲んだり医者に行ったりするかどうかという選択を迫られているわけではない。ストア派の哲人たちがおこなっているのは、もう少し先のことなのである。ニール・アドミーラーリー（なにごとにも驚くな）はストア派に限られる言葉ではないが、その思想を最もよく表している。なにごとにつけ努力することは大切である。しかし、なにごともうまくいくような順風満帆の人生も稀である。さすれば、不測の事態を予期して人生を送るのでなければならないし、また最悪の状況に陥ってもそれに耐え、打ち勝つだけの心の強さを持たねばならない。ストア派の知恵はここにある。

運命について

ストア派の思想を考えるときにもうひとつ重要なのはその運命論である。すでに、セネカやマルクス・アウレリウスの章でも述べたが、一般にストア派では、いっさいの存在は運命にしたがっていると考えられている。この点では、原子論の立場に立ち、原子《アトム》の動きに偶然的な性格を見出して運命論を否定したエピクロスの学派とは異なっている。ストア派では、あらゆるものが必然的に運命にしたがうので、いかなる出来事であってもそのようなものとして受け容れなければならない。また、運命は神の意志でもあるから、神の摂理《プロノイア》すなわち神的な理法の存在を認めることになる。

初期ストア学派のクリュシッポスには、今日には残っていないが『運命について』という著作があったことが知られている。後代の著作家のストバイオスが、そこには次のような言葉が記されていたと伝えている。

運命とは宇宙の理法である。宇宙において摂理によって統括されている理法である。過去の出来事がそれによって生じた、現在の出来事がそれによって生じる、未来の出来事がそれによって生じるであろう理法である。(『精華集』I 5)

ストア派はキュニコス派にしたがって、「自然にしたがって生きる」ことを至上としたが、その意味はキュニコス派とは異なり、宇宙の理法や神の摂理にしたがうことである。先の章では、犬の例が引かれていたが、車につながれた犬はこれについて行けば、自分の意志で行動したことになるが、逆らえば、ただ引きずられていくだけである。ならば、これにしたがって行動するのが賢明だということになる(第六章参照)。

けれども、いっさいが運命や必然にしたがうのであれば、私たちが持っている自由意志をどのように考えればいいのだろうか。ここで私たちはストア派の思想を考えるうえで、最大の難関に遭遇しているのである。私たちが今日に努力を重ねるのは、将来に起きる事柄に影響をあたえうると考えるからである。けれども、私たちが奮闘し懸命になっておこなった結果が、運命によってすでに決定されているとしたらどうであろうか。運命論は私たちの今日の努力を無意味なものにするのではなかろうか。こうした疑問が起きるのは当然のように思われる。しかしながら、このように考えるのはストア派の運命論を正しく理解していないからなのである。エピクテトスの場合には、私たちが持っている選択意志《プロアイレシス》は、私たちの力の及ぶ範囲のことを対象にして、これを欲求したり忌避したりするのであるが、この精神の働きこそ真の意味で私のものであり、自由なものであった。したがって、私たちの倫理的行為は自由な意志の下でおこなわれるのである。しかしその一方で、過去、現在、未来において起こることは、すでに神が描いた摂理の下で決定されているのである。これはどういうことであろうか。もしも将来において自分が失敗する人生がすでに描かれていて、しかもそれを熟知していたとしたら、現在においてそのために努力することはまったく無駄なことであろう。いくら努力したとしても、その結果はわかっているからである。しかし、ストア派が考えていたのはそのようなことではない。エピクテトスから例を引いてみよう。

記憶しておくがいい。お前は劇作家が望むような劇の俳優なのだ。劇作家が短いのを望めば短い劇の俳優になるし、長いのを欲するなら長い劇の俳優になるのだ。もしお前に物乞いを演じることを望めば、それを上手《うま》く演じるようにしなさい。役が足の不自由な人間でも役人でも私人でも同じことだ。というのは、お前の仕事は、あたえられた役を立派に演じることだが、どの役を選ぶのかは、他者である神の仕事であるからだ。(『要録』17)

ここで劇作家と言われているのが神であることは文脈からわかる。摂理とは神が描くシナリオのことである。俳優は自分が演じる劇のシナリオを熟知したうえで、これにしたがって演じるものだが、エピクテトスがここで述べているのは、俳優は自分が演じる役が、足の不自由な奴隷であるとか、あるいはこれを所有する主人であるとかは了解しているが、その役がどのような結末を迎えるかを知らないような、言うなれば台本を渡されずに演じるということなのである。その台本を手にしているのは神であって、私たち人間はその筋書きを知らないのである。したがって、私たちは自由意志に基づいて行動するのであるが、物語のシナリオである神の摂理は人知を超えた彼方にあるのである。

ニーチェがストア派の運命論に共感し、この世に存在するものが必然的にそのように存在し、これを未来永劫において繰り返すという永劫回帰を超克するために、運命をそのままに受け入れるという運命愛（amor fati）を主張したことは先に述べたが、ストア派においてそれはけっして受動的な諦念の思想ではなかったことは、知っておくべきだろう。

幸福に生きる

ストア哲学は老人のためにあるのだろうか。若い頃は自分の死について考えることは、大きな病気でもしないかぎりあまりないと言えるだろう。しかし、齢《よわい》八〇も過ぎるとそろそろ店じまいの支度にかからなければならなくなる。老いに関しては、セネカの章ですでに引用しているが、「老年は使い方さえわかっておれば、楽しいものだ」（『倫理書簡集』12, 4）という言葉があった。自分にとって明日があるかどうかわからないような状況では、「もし神が明日を加えてくださるなら、喜んで迎えよう。明日を不安なしに待つ人が最も幸福な人であり、みずからを平静に保つ人である」（同所9）からである。死が視野に入った今になって、心の平静を得るためにストア哲学を学ぶ。実際にはこうしたケースは少なくないと思われる。しかし、ストア哲学が老人のためにあるのではないことを知っておくことも重要である。

人は歳をとると体力の衰えや頭の働きが十分ではないということもあって、できることにおのずから制限が加えられるが、若いときにはそうした制限も少なく、多くの可能性を含んでいることは間違いないだろう。けれども、セネカは「私たちは日々死につつある」（『倫理書簡集』24, 19）とも言っていた。つまり、生きることができるという可能性を言えば、青年はその可能性に満ちていることは言うまでもないが、いわゆる老少不定の言葉があるように、若くして死ぬ人もあるわけである。さらに言えば、幸福感や満足度のような基準を考えたとしても、二〇歳の青年と八〇歳の老人とでは、どちらがより満ち足りているなどとは、簡単には言えないだろう。このように考えると、死を正視するかどうかには年齢による違いなどないことになる。マルクス・アウレリウスもまた、「今この世から立ち去ることもありうると考えて、どんなことでもおこない、語り、考えるようにせよ」（『自省録』II 11）と言っている。いわゆる、メメントー・モリー（死を忘れるな）ということには、老若の差などないのである。

人は何のために生きるのか。人は幸福のために生きるのだろうか。古代の哲学においては、幸福に生きるかどうかは選択の問題ではなかった。幸福に生きることは、人間が生まれながらにして持っている願望である。したがって、そこには問題はない。問題はどうやって幸福に生きるかにある。ひとつの目標になりうるのは、名誉や名声を求めて生きることかもしれない。プラトンの『饗宴』に登場するディオティマという女性はソクラテスに興味深い話をしている（『饗宴』206B以下）。人間だけでなく、すべての生きものは幸福を求めて生きている。その幸福とは永遠の生である。けれども、死すべき生きものにはいつか死が訪れる。そのために、生きものは自分の代わりのものを後に残すのだと言うのである。つまり、動物は個体としてはいつか死に絶えるが、出産という行為によって、自分に似た個体を後に残していく。個体としての動物は不死ではないが、出産という行為によって、その種の全体において不死であろうとするわけである。今ならこれは動物の本能として説明されるだろう。しかし、『饗宴』はエロース（愛）をテーマとする作品である。動物はエロースの働きによって不死を願うわけであるが、今日で言う本能はプラトンにおいてはエロースで説明されるのである。ところで、動物は出産という行為によってのみ不死を追求することが可能となるが、人間の場合はそれだけではないと、ディオティマは言っている。人間は他の動物と違って、自分がこの世においてなしたことを後世に残したいと考える。つまり、自分という個体はなくなっても、自分がこの世において生きていたという証《あかし》のようなものを残そうとするのである。名誉、名声を求めることはそうした例に含まれている。それはいわば精神的な意味での出産である。

自分がこの世に存在していたことの記憶をなんらかのかたちで残したいという願望は誰にもある。けれども、マルクス・アウレリウスが語っていたが、死後の名声に期待を寄せる人は、自分のことを覚えている人自身もまた、たちまちのうちに死んでしまい、やがてはその記憶の全体が消え去ってしまう、という事実を心に留めるべきである（『自省録』IV 19）。永遠の時間に比べ、人生はあまりにも短く、人の記憶はすぐに失われてしまうからである。もちろん、記憶のすべてが喪失するわけではない。マルクス・アウレリウスの言葉はどの時代の人間にとっても生きるための知恵となりうるから、今日に残っているのだと言える。英語で言うレガシー、いわゆる人類の知的財産は人間がこの世にあるかぎり永遠に残されると言うことができるだろう。しかし、こうした場合はごく稀である。どれだけ多くの人間がこの世に存在し、そして忘れ去られていったかは想像することすらできない。生きている間に名声を博し、死後においてもよき評判を求めることは悪いことではけっしてないが、たいていは忘却の中に消え去ってしまうことを心に留めるべきである。

人が生きるための目標とすることは他にもある。人は名誉、名声だけではなく、豊かさを求めている。自分がなした努力によって得たもの、すなわち富によって、贅沢な生活を送ることが可能となる。

確かに、貧窮は辛くて悲しい。子供が貧しい食事をして、薄汚れた服装をまとっているときに、もう少しましな食事や服を着せてあげたいと親なら当然考えるであろう。自分が得た収入によって、貧しい食事にもう一品を加えたいと思う。そこには当然ながら喜びがあるだろう。しかし、豪華な食事が毎日のように続けば、やがてこれに満足を覚えることがむずかしくなってくる。豊かさが心の満足の尺度であるとすれば、これは不思議な事実である。食事の満足は空腹があるから得られる。飲み水で喉を潤して満足を感じるのは、喉に渇きがあるからである。プラトンは『ピレボス』という作品において、この事実について鋭い考察をおこなっている（『ピレボス』31E以下）。一般に、充足に満足を覚えるのは不足の状態があるからで、充足が続けばもはや満足を感じることができなくなる。

食通たちはこの事実を知っているために、料理をいろいろと工夫する。アテナイオスという文人（二世紀後半〜三世紀前半）が書いた『食卓の賢人たち』という書物が現存している。この書を繙くと、同時代のローマ人たちが現代の私たちにけっして劣ることのない食通であったことがわかる。人間が食べることのできる量は限られているから、毎日の食事を楽しくするためにいろいろな工夫をこらす。現在では絶滅したとされるシルピオンと呼ばれる調味料（薬としても用いられた）があった（この植物に関しては、小川洋子訳『テオプラストス 植物誌2』京都大学学術出版会刊、に詳細な説明がある）。シルピオンは北アフリカのキュレネという土地の特産物として古代世界では重宝されたが、これは料理のために考えられた創意工夫のひとつだと言えるだろう。古代のローマ人の食卓は、現代の私たちのそれに劣らぬほど、あるいはそれ以上に多彩で豊かであった。それはともかくとして、アテナイオスを読んでも、今日におけるグルメの流行を見ても、食事がいつの時代においても人類が深く関心を寄せたものであることがわかる。しかしながら、グルメを追い求めていくと、そうした工夫にもついには飽きて、できるだけシンプルな食事が、あるいはなにも食べないことが究極のグルメとなってくる。

食事だけではないだろう。贅沢な調度品を集める。高価な服装を買い求める。ひとつのものに飽きると別のブランドを探す。こうしたことを繰り返すなかで、部屋が物であふれかえってくる。そうすると、私たちはこれらを整理したくなってくる。物であふれかえった部屋よりもシンプルで簡素な部屋のほうが好ましく思えてくる。あるいは、できるだけ持ち物を少なくするほうがよいと考えたりする。犬の哲学者のディオゲネスが、水を汲むための柄杓《ひしゃく》と物を入れる頭陀袋《ずだぶくろ》を持っていたが、子供が手で水を汲んでいるのを見て、柄杓も捨ててしまった。これは物を持たないことの究極の状態であるが、なかなかこうはできない。ディオゲネスは住むための家がなかったが、家がないとたちまち今夜はどこで眠るかが気になってくるであろう。したがって、極度に物を持たないのも困るが、物が多すぎるのも困るのだ。人間は実に厄介な生きものである。

ストア派の知恵は、名誉、名声も富も、あるいはさらに健康までも、それらがそれ自体として善ではないと教える。キュニコス派はできるだけ物を持たないことを生きる目標としたが、ストア派はそうは考えていない。それらは善ではないとしたが、それらがないことが善いのではなく、それらをどのように用いるかというところに善あるいは悪があると考えるわけである。この考えはソクラテスに遡ると言うことができるが、エピクテトスは少しかたちを変えて、自分の力の外にあるものと、内にあるものとに分けて、内にある心像をどのように扱うべきかを論じていた。自分のために理性的な判断を下すように、心像をよく吟味し、時には戦うことも必要になってくる。

このように、ストア哲学は善き人生を送るために、個人の生き方の改変を迫るものである。善き生活は社会を変えることによっても可能となるが、ストア派の哲人たちが重視したのは社会の変革ではなく、むしろ個人の生き方の変革であった。いくら社会が変わっても、個人の生き方が変わらないかぎり、人は善き生を生きることができないと信じたからである。そして、善き生を生きるために、幸福に生きるために、彼らは今の自分を解放することを説く。エピクテトスはかつて奴隷であったが、奴隷の身分でも、精神においては自由でありえることを教えていた。精神において自由であるためには、自分の外にあるものに振りまわされないことである。本来自分のものでないものを願う人は、身体は自由であっても、精神においては奴隷であろう。ストア派の知恵はそうした状態から精神を解き放ち、自由になることを求める哲学なのである。

幸福であるために、自由であるために、気高い心をもつために、今の自分の思いを捨てよ。そして、あたかも奴隷の身分から解放された人のように、ひとつ頭を持ち上げるのだ。（エピクテトス『語録』II 16）

本書を読むためのいくつかの参考書

西洋古典の読書のためのアドバイスを少し述べておきたい。書物を読むためにはもちろんなんらかの手段でこれを入手する必要があるが、コンピュータのおかげで昔と今とでは事情がずいぶんと変わってきている。西洋古典学の研究のためには、古い時代の刊行物に目を通さねばならないことも少なくないが、以前なら大学図書館の目録に目を通して検索し、所蔵されていない場合には、他の大学にあたり、それでもなければ諦めるしかなかった。例えば、エピクテトスのギリシア語テキストでは、古いトイプナー社のシェンクル版（H. Schenkl）があって、かつては翻訳のための底本とされていた。この版には大小二つの版があり、より詳しい情報を得るためには大型版（Editio maior 一九一六年）をみる必要があり、今日でもなお有用であるが、こちらは日本の大学図書館には所蔵されていないようである。ところがコンピュータのおかげで、今では瞬時に自宅で閲覧が可能となった。昔の研究方法しか知らない者にとっては、これは大変な驚きである。それとともに、コンピュータを駆使することによって、あるギリシア語がテキストにおいてどのように使用されているかが簡単にわかるようになってきている。二〇〇〇年ほど以前の文献を判読するには、コンピュータは欠かすことのできない道具となってしまった。

そうは言っても、テキストを自分の目で見て、読んで考えねばならないのは、今の時代になっても同じことであって、コンピュータが考えてくれるわけではない。筆者が古代ギリシア語の文献を読み始めたのは二〇代の前半であるが、ギリシア語を読んでいるという実感をなんとか持つことができるまでに一〇年ほどを要した。西洋の古典を翻訳で読む場合は、これとは異なるが、日本語であればなんでもわかるかと言うと、必ずしもそうではない。翻訳であれ古典は読みやすいものではない。これは訳が悪いからだと簡単には言えないだろう。時代も異なり、文化もおよそ違っているものの翻訳を、現代の日本語と同様に読むことができると考えるのが、そもそも間違いなのである。その意味では古典のダイジェスト版や紹介本のほうがずっと楽であろう。しかし、むずかしい古典を苦労しながら読んでいると、思わぬ発見をすることも少なくない。そこが古典を読むことの醍醐味のように思われる。それゆえ、本書を読んでいくらかでもその哲学者たちに興味を感じられた方には、翻訳によって、ぜひ直接にテキストにあたって、苦労しながら読むことをお勧めしたい。ラテン語には、フェスティーナー・レンテ（festina lente）という面白い諺がある。「ゆっくりと急げ」の意味である。ゆっくりと進んでいくのが、結局は速いということである。

＊

一般の読者のために、本書において紹介した古典文献の日本語訳と、日本語で読むことのできるいくつかの文献を紹介しておきたい。西洋古典の書物を原語であるギリシア語やラテン語で直接読みたい、あるいは関連の二次文献について知りたい読者は、次に挙げる中央公論新社の『哲学の歴史』を読むことをお勧めする。なお、本文における引用の訳はすべて筆者自身によることをお断りしておく。

ヘレニズムの哲学

古代哲学を紹介したものでは、今のところ最も広範囲にわたって扱い、しかも信頼できる書物として、

『哲学の歴史』1～2（中央公論新社、二〇〇七～二〇〇八年）

がある。巻末には、充実した年表、参考文献、項目索引を収めている。

ヘレニズムの哲学については、

A・A・ロング『ヘレニズム哲学』（金山弥平訳、京都大学学術出版会、二〇〇三年）

が重要である。

キュニコス派

犬の哲学者ディオゲネスや弟子のクラテスについては、日本語で解説した文献もあるが、ディオゲネス・ラエルティオスの原典からの翻訳を直接に読まれることをお勧めする。本書では煩雑になるのを避けて、「DL」として言及している。

ディオゲネス・ラエルティオス『ギリシア哲学者列伝』全三巻（加来彰俊訳、岩波文庫、岩波書店、一九八四～一九九四年）

初期ストア派の哲学

ゼノン、クレアンテス、クリュシッポスなどの初期ストア派の哲学者の著作はことごとく散佚した。現在残っているのは他の著作家からの引用断片のみ

である。H・フォン・アルニムが編纂した断片集は、『初期ストア派断片集』全五巻（中川純男・水落健治・山口義久訳、西洋古典叢書、京都大学学術出版会、二〇〇〇〜二〇〇六年）によって全訳されている。

プルタルコス

プルタルコスには『英雄伝』と『モラリア』の著作がある。後者は「倫理論集」の意味であるが、自然学、音楽などさまざまなジャンルのものを含んでいる。

プルタルコス『モラリア』全一四巻（瀬口昌久他訳、西洋古典叢書、京都大学学術出版会、一九九七〜二〇一八年）によって全訳されているほか、岩波文庫（柳沼重剛訳）にも一部収録されている。

懐疑論

古代の懐疑主義については、セクストス・エンペイリコスの著作の全訳がある。

セクストス・エンペイリコス『ピュロン主義哲学の概要』（金山弥平・金山万里子訳、西洋古典叢書、京都大学学術出版会、一九九八年）

セクストス・エンペイリコス『学者たちへの論駁』全三巻（金山弥平・金山万里子訳、西洋古典叢書、京都大学学術出版会、二〇〇四〜二〇一〇年）

エピクロス

本書では快楽主義者のエピクロスに言及されているが、翻訳としては古いけれども、

『エピクロス――教説と手紙』（出隆・岩崎允胤訳、岩波文庫、岩波書店、一九五九年）

が一通り収録している。手紙については、右のディオゲネス・ラエルティオスの翻訳でも読むことができる。

キケロ

キケロについては、岩波書店の選集が便利である。

『キケロー選集』全一六巻（岩波書店、一九九九〜二〇〇二年）

このうち哲学関係は、第八巻『国家について』『法律について』（岡道男訳）、第九巻『老年について』『友情について』（中務哲郎訳）、『義務について』（高

橋宏幸訳）、第十巻『善と悪の究極について』（永田康昭・兼利琢也・岩崎務訳）、第十一巻『神々の本性について』（山下太郎訳）、『運命について』（五之治昌比呂訳）、第十二巻『トゥスクルム荘対談集』（木村健治・岩谷智訳）を収録している。このうち一部は岩波文庫にも収録されている。キケロの哲学的著作として、他に『アカデミカ』が重要であるが、今のところ日本語訳はない。

ムソニウス・ルフス

ムソニウス・ルフスの『談論』も今のところ日本語訳はないが、インターネットからギリシア語・英語の対訳を入手して、読むことができる。

セネカ

セネカの訳としては二種類がある。

セネカ『道徳論集（全）』（茂手木元蔵訳、東海大学出版会、一九八九年）

セネカ『道徳書簡集（全）』（茂手木元蔵訳、東海大学出版会、一九九二年）

セネカ『自然研究（全）』（茂手木元蔵訳、東海大学出版会、一九九三年）

がそのひとつで、茂手木訳は岩波文庫でも一部入手可能である。もうひとつのより新しく、信頼できる訳としては、岩波書店の『セネカ哲学全集』全六巻がある。

『倫理論集』二巻（兼利琢也他訳、二〇〇五年）

『倫理書簡集』二巻（高橋宏幸他訳、二〇〇五年）

『自然論集』二巻（土屋睦廣他訳、二〇〇五年）

このうち一部は岩波文庫にも収録されている。また、筆者は未見だが、光文社古典新訳文庫から新しい訳の試みもされている。セネカの悲劇には、

『悲劇集』全二冊（小川正廣他訳、西洋古典叢書、京都大学学術出版会、一九九七年）

がある。セネカの紹介本はいくつか出ているが、いわゆる名言集を集めた書物の類いはここでは挙げない。ジェイムズ・ロムの近刊 *Dying Every Day : Seneca at the Court of Nero*, 2014 は、表題が面白いだけでなく、セネカの宮廷生活と苦悩を哲学文献と歴史資料を駆使して追いかけたものでたいへん有用であるが、すでに次の翻訳が出ている。

J・ロム『セネカ 哲学する政治家――ネロ帝宮廷の日々』（志内一興訳、白水社、二〇一六

年）

セネカの評伝でしばしば言及したタキトゥスとスエトニウスについては、

タキトゥス『年代記』全二冊（国原吉之助訳、岩波文庫、岩波書店、一九八一年）

スエトニウス『ローマ皇帝伝』全二冊（国原吉之助訳、岩波文庫、岩波書店、一九八六年）

で読むことができる。前者は筑摩書房「世界古典文学全集」第二二巻所収の『タキトゥス』（一九六五年）の改訂版である。

エピクテトス

実のところ、エピクテトスの著作というのは、弟子のアッリアノスが書き残したものであるが、『語録』と『要録』（それぞれ『談論』『提要』という表題がつくこともある）の全訳としては、

エピクテートス『人生談義』全二冊（鹿野治助訳、岩波文庫、岩波書店、一九五八年）

しかない。いささか訳文が古いが、その意味では、同じ訳者の抄訳だが、

エピクテトス『語録　要録』（鹿野治助訳、中公クラシックス、中央公論新社、二〇一七年）

のほうが読みやすいと言えよう。もとは同氏の監修による「世界の名著」の一冊『キケロ、エピクテトス、マルクス・アウレリウス』（中央公論社、一九六八年）に収められていたものだが、「中公クラシックス」の新装版には筆者の私による解説を加えている。なお、筆者自身による新しい全訳の準備が進められている。

エピクテトスを紹介したものとしては、

鹿野治助『エピクテートス――ストア哲学入門』（岩波新書、岩波書店、一九七七年）

がある。その説明には不十分と思われるところもあるが、エピクテトスのみならず、ストア哲学全体の解説書にもなっている。

本文で言及したヒルティ（C. Hilty）の『幸福論（原題は*Glück*）』は、

ヒルティ『幸福論（第一部）』（草間平作訳、岩波文庫、岩波書店、一九三五年）

の翻訳がある。その他にも、白水社版、東京創元社版、角川文庫版がある。

マルクス・アウレリウス

哲人皇帝マルクス・アウレリウスの『自省録』に

ついては、一般に入手可能なものとして、次の三点がある。古い順に掲げると、

マルクス・アウレーリウス『自省録』(神谷美恵子訳、岩波文庫、岩波書店、一九五六年)

マルクス・アウレリウス『自省録』(鈴木照雄訳、世界の名著、中央公論社、一九六八年)

マルクス・アウレリウス『自省録』(水地宗明訳、西洋古典叢書、京都大学学術出版会、一九九八年)

神谷美恵子訳は初版が創元社版(一九四九年)で、後に岩波文庫の一冊になっている。三つの訳では一番読みやすいが、ギリシア語の訳に疑問点が少なくない。ストア派の用語の訳としても正確でないところがあったが、兼利琢也氏による改版(二〇〇七年)が出ている。鈴木照雄訳は『世界人生論全集2』(筑摩書房、一九六三年)で抄訳され、右の世界の名著版(中央公論社)で全訳されたが、後に講談社学術文庫(二〇〇六年)に再録されている。水地宗明訳は『注解マルクス・アウレリウス「自省録」』(法律文化社、一九九〇年)の翻訳の部分を、西洋古典叢書(京都大学学術出版会)に再録したものである。

マルクス・アウレリウスの解説書としては、次の一冊のみを紹介しておきたい。

荻野弘之『マルクス・アウレリウス『自省録』——精神の城塞』(書物誕生——あたらしい古典入門、岩波書店、二〇〇九年)

であるが、アウレリウスの時代、書名の由来、彼の哲学思想について詳しく紹介している。

ローマ五賢帝

ネルウァからマルクス・アウレリウスに至るローマ五賢帝に関しては、

南川高志『ローマ五賢帝——「輝ける世紀」の虚像と実像』(講談社学術文庫、講談社、二〇一四年)

を読むことをお勧めする。本書は講談社現代新書(一九九八年)を再録したものである。同氏には、より専門的な『ローマ皇帝とその時代——元首政期ローマ帝国政治史の研究』(創文社、一九九五年)があるが、一般の読者には右の文庫版で十分であろう。

ハドリアヌス以降のローマ五賢帝の評伝として、『ヒストリア・アウグスタ』の最初の数巻が重要であるが、翻訳としては、

『ローマ皇帝群像1』（南川高志訳、西洋古典叢書、京都大学学術出版会、二〇〇四年）

がある。ディオン・カッシオスの『ローマ史』やアウレリウスとフロントとの往復書簡については、今のところ日本語訳がないために、それぞれ Loeb Classical Library 所収の英語との対訳本を読むしかない。ただし、こうした英語訳は近年ではインターネットで簡単に閲覧できるようになっている。

その他

二世紀の諷刺作家ルキアノスの作品は、西洋古典叢書で全訳の計画が進められている。現在のところでは、

『ルキアノス選集』（内田次信訳、国文社、一九九九年）

『偽預言者アレクサンドロス』（内田次信他訳、西洋古典叢書、京都大学学術出版会、二〇一三年）

『食客』（丹下和彦訳、西洋古典叢書、京都大学学術出版会、二〇一四年）

がいくつかの作品を収録しているほか、入手が困難だが岩波文庫にも数点ある。

二世紀後半から三世紀前半に生きた著述家アイリアノスの『多彩な物語（ヴァリア・ヒストリア）』には次の翻訳がある。

アイリアノス『ギリシア奇談集』（松平千秋・中務哲郎訳、岩波文庫、岩波書店、一九八九年）

さらに最初の章において、ミッシェル・フーコーのパレーシア講義に触れたが、これには次の翻訳がある。

ミシェル・フーコー『真理とディスクール――パレーシア講義』（中山元訳、筑摩書房、二〇〇二年）

あとがき

本書はストア派の前身とも言うべきキュニコス派のディオゲネスから、ゼノン、クレアンテス、クリュシッポスらの初期ストア派、パナイティオスなどの中期ストア派を経て、セネカ、エピクテトス、マルクス・アウレリウスの後期ストア派までを扱ったものである。初期ストア派については、その論理学や自然学などについてなお言及すべきものがあったが、ストイックな生き方を学ぶというところに焦点をあてて論じているため、ほとんどを割愛した。

また、本書はいわゆる学術書ではない。ストア哲学に関しては、さまざまな問題に関して解釈が定まっていないところもあり、内外の研究者がこうした問題について論じたものがたくさんある。特に、海外においては、一九世紀から二〇世紀初頭においてドイツの文献学が試みた研究の読み直し作業が二〇世紀後半以降におこなわれており、今日の欧米圏におけるストア哲学研究はかつてとは比べものにならないほど充実している。筆者はそうした研究から裨益《ひえき》されることが少なくなかったが、本書において解釈学上の問題点にふれることはしていない。したがって、研究者へ向けて書かれたものではないので、ストア哲学の解釈に関連する研究者たちのさまざまな二次的文献にはほとんど触れることをしなかった。

本書は中央公論新社元編集者の麻生昭彦氏のお勧めにしたがって書かれたものである。このようなご縁を持つことができたことに対して、同氏に深い感謝を捧げたい。また、実際の編集に際しては、同社編集部の登張正史氏にたいへんお世話になった。この場を借りて、衷心より感謝を申し上げます。

二〇一八年十二月

筆者

ストア派名言・名句集

ストア派哲学者のものにとどめる。本文よりいくらか簡略化して掲載するものがある。

マ行

ヤ行

ラ行

タ行

ナ行

ハ行

サ行

事項索引

主要な頁は太字で示す

ア行

カ行

マ行

ヤ行

ラ行

ワ行

ハ行

タ行

ナ行

サ行

カ行

索　引

固有名詞索引

（地）は地名を、（神）は神名を、（神話）は神話の登場人物を指す。

ア行

國方栄二（くにかた　えいじ）

1952年生まれ、大阪在住。専門は古代ギリシア哲学。京都大学大学院文学研究科博士課程修了、文学博士（京都大学）。主な著訳書に『プラトンのミュートス』（京都大学学術出版会）、『ギリシア・ローマの智恵』（未知谷）、『プラトンを学ぶ人のために』（共著、世界思想社）、『新プラトン主義を学ぶ人のために』（共著、世界思想社）、『哲学の歴史２』（共著、中央公論新社）、『エピクテトス 語録　要録』解説（鹿野治助訳、中公クラシックス、中央公論新社）など。『アリストテレス全集19』（共訳、岩波書店）、『ソクラテス以前哲学者断片集I～III』（共訳、岩波書店）、『プラトン哲学入門』（共訳、西洋古典叢書、京都大学学術出版会）など。論文は「コスモポリタニズムの起源」（『西洋古典学研究』LVII、岩波書店）など。

ギリシア・ローマ
ストア派《は》の哲人《てつじん》たち
――セネカ、エピクテトス、マルクス・アウレリウス

2019年１月10日　初版発行
2021年12月20日　再版発行

著　者　國方《くにかた》栄二《えいじ》
発行者　松田陽三
発行所　中央公論新社
〒100-8152　東京都千代田区大手町1-7-1
電話　販売 03-5299-1730　編集 03-5299-1740
URL http://www.chuko.co.jp/

ＤＴＰ　嵐下英治
印　刷　図書印刷
製　本　小泉製本

Published by CHUOKORON-SHINSHA, INC.
Printed in Japan　ISBN978-4-12-005157-9 C0010

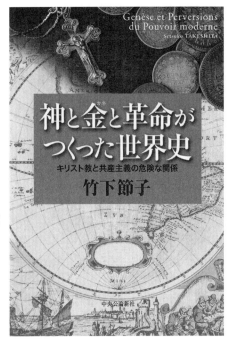